1

DSE

Deprogrammazione Semantico Energetica

Manuale Operativo

di

Elitheo Carrani

una potente, rapida e semplice tecnica mentale per
migliorare se stessi. Da soli.

Prima edizione
© 2013 tutti i diritti riservati
pubblicato da Lulu.com

INDICE

5

Introduzione

Molto presto nella mia vita (ero ancora un ragazzo al liceo) ho capito che il cambiamento del mondo, parte dal cambiamento del singolo. Capii ben presto che le cose sbagliate che le persone facevano, avrei potuto farle anch'io e senza troppa fatica anche.

Capii quasi subito che la società, la politica, la sociologia e le scienze sociali non erano in grado di dare risposte vere all'uomo. Da ciò ne derivò una diffidenza per la politica e le sue elaborazioni. Il Nazismo era fin troppo facile da incriminare: così rozzo, stupido, ingiusto e violento, completamente aberrante fin dalle sue basi teoriche. Gioco facile per il pensiero marxista porsi come "l'altro" come il suo "opposto" come il "bene" contrapposto al "male" del Nazismo e del Fascismo.

Ma già allora mi pareva chiaro che le stesse intolleranze, le stesse arroganti certezze e pretese superiorità morali e sistemiche albergavano ampiamente nel modo di pensare comunista.

Allo stesso tempo cresceva la consapevolezza che le persone sposano le idee che più assomigliano al loro essere interiore, alle loro pulsioni, alle loro virtù, ai loro difetti.

Ho cominciato così il viaggio interiore, introspettivo, doloroso, consapevolizzante.

Nel viaggio mi hanno fatto compagnia le grandi speculazioni buddiste e cristiane, filosofiche e psicologiche/psicoanalitiche.

Credo di poter dire con certezza che queste contemporanee contaminazioni e commistioni siano l'esatta cifra di quello che sono diventato.

Oggi penso che grosse fette di verità siano presenti in ogni sistema di pensiero e in ogni religione, rivelata o meno che sia; e al contempo convivono con queste verità enormi menzogne che ci portano furbescamente e sottilmente fuori strada, a causa di un solo grande colpevole: la nostra mente. Essa è il vero demonio, il vero satana che pretende di presentarsi a noi come l'unico mezzo di conoscenza. La mente che tutto comprende, tutto cataloga, tutto padroneggia tranne che una sola cosa: se stessa.

La mia vera passione, prima ancora della filosofia e della religione, è sempre stata la psicologia. Ho maturato la convinzione che psicologia, filosofia e religione sono facce diverse della stessa medaglia: l'uomo.
E' stato chiaro abbastanza presto che i problemi sono originati tutti nella testa delle persone....bene e male, felicità ed infelicità, allegria e tristezza, pace ed ansia... tutto parte da noi...e del resto perfino Gesù diceva: è dal cuore dell'uomo che vengono gli abomini....
E quindi era questo il punto che andava affrontato, analizzato, sviscerato e risolto: la mente.
Ho quindi cercato qualcosa che mi aiutasse a migliorare me stesso....che potesse soprattutto essere uno strumento, un metodo, che potesse essere gestito in autonomia senza doversi affidare a psicoterapeuti e guru che costassero fortune e dai risultati più che dubbi.
Dalla mia ricerca, fatta sulla mia pelle, sulle mie sofferenze, è nata una tecnica, un metodo che strada facendo ha dimostrato di essere valido, efficace, di dare davvero risultati.
E da questo percorso negli anni ho codificato delle regole di funzionamento che ora metto a disposizione di chi vorrà provare ad applicarlo.

Capitolo I° - Alla ricerca dei perché

1.1 - perché mi succede?

Quando ero ragazzo, pur essendo di fatto abbastanza brillante, sia in compagnia che a scuola, di norma aperto e socievole, con discreti risultati nello studio e nello sport, avevo un problema di base che mi disturbava molto, e che era per me un peso notevole: ero terribilmente emotivo e mi spaventavo facilmente, troppo facilmente. Il tasso di emotività, soprattutto quando messo al centro di situazioni in cui avevo gli occhi puntati contro, diventava parossistico, bloccante.

Sono sempre stato un tipo indagativo e quindi, come un qualsiasi bambino di tre anni, avevo la domanda incorporata: perché? Perché mi succede? Era vero, succedeva anche a molti altri, ma ad altri ancora non succedeva affatto! Perché questa differenza? Non mi sono mai piaciute le risposte facili che ci si dava e ancora ci si da': è il suo carattere! Carattere un corno! Anche perché vedevo che in misura differente anche quelli più calmi avevano qualche problemino con l'emotività, ma erano appunto problemini, non come il mio! Questo mi fece capire abbastanza presto che vi era una *variabilità reattiva* nel comportamento delle persone, anche se di fatto le similitudini erano tante. Sono partito da questo: perché non sono come "loro"?

1.2 - oggettività e soggettività

Era chiaro (ero solo un adolescente, non fatevi ingannare dal "ma era ovvio!", a 16 anni NULLA è ovvio) che c'erano delle differenze soggettive tra le persone che si trasformavano in comportamenti differenti. Cominciai a fare ricerca sui libri e cominciai con Freud e "Introduzione alla psicoanalisi". Assimilai che le esperienze pregresse erano la causa di queste differenze. Mi sembrava un'ottima analisi, anche perché suffragata da Freud in molti casi di terapia, ma....a me il problema rimaneva e in effetti non mi era chiaro cosa potesse provocare il cambiamento, visto che anche avendo compreso (mi

sembrava) il meccanismo, non mi era cambiato nulla. Era quindi chiaro che ognuno aveva il suo modo di reagire che c'erano delle pulsioni nel subconscio....ma a conti fatti ero ancora lì.
Cosa c'era in me che non andava?

1.3 - la natura del pensiero

Freud era stato solo il primo, poi cominciai a leggere di tutto, da Fromm a Jung, passando per la Bibbia (anche lì sì parla ed a lungo di felicità ed infelicità per cui qualche attinenza ci doveva essere), il training autogeno, la dinamica mentale etc., ed infine approdai alla filosofia buddista.
Fu una rivelazione.
Ero oramai uno studente universitario e la mente aveva imparato ad essere più flessibile e speculativa. Capii che sotto certi comportamenti c'erano indubbiamente dei movimenti subconsci compulsivi/obbligatori, che mi obbligavano a comportarmi in modo che odiavo...ma fino ad allora non avevo "capito" davvero. Certo se mi aveste sentito parlare di queste cose, ne parlavo come ne parlo oggi, con la stessa sicurezza e chiarezza di esposizione, ma un giorno accadde qualcosa che mi portò a "vedere".
Giunse il momento della vera "comprensione", che mai avevo fino ad allora avuto.
Scoprii la "natura" del pensiero.
Come avvenne? Molto difficile trasmetterlo. Ci sono due livelli nella comprensione delle cose. La prima è sotto il dominio della mente ed è caratterizzata da logica e sequenzialità.
E' come cercare di trasmettere ad un cieco come è fatto un oggetto, come ad esempio una lampada da tavolo.
Potete spiegare in ogni dettaglio dirne la forma, il colore, il peso...potete farglielo toccare, tutto meno che vedere.
E se a lui chiedessero come è fatto, la descriverebbe perfettamente, e voi non riuscireste a capire se l'avesse mai vista prima o no.

Ma se per miracolo o per microchirurgia quel cieco potesse vedere, la sua stupefazione nel vedere DAVVERO una lampada da tavolo sarebbe enorme.
Succede la stessa cosa per la mente, quando "vede" la mente in funzione. E' questa la differenza. Fino a quando si "spiega" come funziona la mente, stiamo usando la mente per spiegare se stessa. E non riusciamo a capire.
A me successe che stavo ragionando intorno ad un concetto inerente non ricordo quale questione e, comunque pensassi, non trovavo la soluzione ed avvertivo tutta la tensione nel cercarla, poi di colpo, il distacco dalla questione....cioè io cercavo la soluzione all'interno delle opzioni che la mente mi stava dando, ma nessuna di queste era in grado di portarmi alla soluzione...poi, per un microsecondo, osservai la mia mente che si arrovellava nella ricerca della soluzione.......e sentii il sollievo, immediato...vidi così, di striscio, quasi come un'ombra di pensiero, che il problema non era all'interno di quello che stavo pensando e dove teoricamente dovevo cercare la soluzione, ma era proprio quel "cercare la soluzione" la causa del problema! Capii cioè una cosa davvero fondamentale e non solo per me ma per tutti: il problema, i problemi, i conflitti, il dolore e tutte queste cose, non sono "oggettivi", non esistono nella realtà, ma esistono solo nella mente!

1.4 - la struttura del pensiero

Come è strutturato il pensiero? Come funziona davvero?
Beh, prima di tutto c'è da sottolineare che i pensieri sono di due tipi, o, per meglio dire, si "esprimono" con due differenti modalità: la modalità conscia e quella inconscia.
Cosa differenzia le due modalità? Sostanzialmente una sola cosa. Il pensiero conscio viene formulato con la volontà cosciente della persona. Ella sa che lo sta pensando e sa esattamente cosa sta pensando.
Il pensiero inconscio o subconscio è invece "pensato" senza che esista una precisa e cosciente volontà a farlo, ma è pensato ad un livello inferiore, dove l'attivazione dei

pensieri è, in una misura più o meno considerevole, effettuata automaticamente.

Questo non significa che certi pensieri sono consci od inconsci, nel senso che può avvenire che pensieri dapprima consci diventino successivamente inconsci e viceversa, pensieri inconsci divengano consci.

Ora, in buona sostanza, possiamo dire che tutti i problemi vengano dai pensieri subconsci ed inconsci. Questo non significa che non si possano avere pensieri "consci" sbagliati, certo che sì, ma quando un pensiero è conscio, è completamente sotto il controllo della volontà e può essere facilmente avviato, cambiato, e soprattutto, fermato.

Quello che invece è molto più difficile fare é fermare e cambiare i pensieri subconsci, perché i meccanismi che li avviano, sono pressoché completamente sconosciuti.

Tutta la psicologia di fatto, cerca di portare a livello di conscio i pensieri subconsci, per permettere alla persona di riconoscerli, modificarli, cancellarli e quindi cambiare il proprio sentire e modo di vivere

C'è però un nesso strettissimo tra pensieri consci e subconsci. Gli uni attivano gli altri in un continuo interscambio. Se ad esempio riceviamo un torto, ci arrabbieremo per il torto subito. A livello conscio avremo un pensiero che dirà più o meno: quello ha fatto così e così e questo non è giusto e non lo accetto. Questo fa nascere una rabbia o un risentimento che sentiamo come emozione. Ma questa rabbia e/o risentimento non è lo stesso "pensiero" che ha innescato la rabbia, ma il suo "motore" alimentante. E' come se il fatto "esterno" fosse la chiavetta che inserite nel piantone dello sterzo per avviare la macchina, poi girate la chiave (è il fatto che accade) e questo fa accendere il motore. Il motore che si accende NON è la chiavetta che gira...è un'altra cosa. Il "motore" vi urlerà con il suo ruggito cose come " bastardo, brutto stronzo questo non lo dovevi fare" oppure " carogna di un capo io ti spacco la faccia" o ancora " vigliacco te la prendi con chi non può difendersi" o altre cose simili...Questo avviene perché ognuno ha il suo "motore" della rabbia, ma poi l'educazione, la cautela, il rispetto per il prossimo, l'opportunità, fanno da filtro e vengono poi argomentate con parole inerenti al fatto accaduto. Detto per inciso tale modalità di gestione delle emozioni è poco efficace per la risoluzione di stati d'animo negativi, proprio perché eccessivamente filtrata e repressa rispetto al "motore" originale.

Il punto è che esistono due livelli del funzionamento della mente e i veri responsabili dei comportamenti incontrollati sono proprio quelli subconsci.

Il movimento di questi pensieri è vorticoso ed inesplorato.....si susseguono senza interruzione "attivati " in continuazione da ciò che accade "fuori" e ci fanno fare tutte quelle cose che non riusciamo ad eliminare o a mettere sotto il nostro controllo.

Riuscire a mettere sotto controllo e soprattutto portare allo scoperto, alla visione della coscienza, questi movimenti della mente subconscia, giungere ad avere una padronanza sui propri flussi mentali mi è progressivamente diventato sempre più chiaro, era l'obiettivo da perseguire.

1.5 - la mente.....mente.

Avevo così inquadrato due cose di fondo sul funzionamento della mente.

La prima era che la mente a volte non aiuta a risolvere i problemi, ma viceversa li crea. E non è scoperta da poco.....Capire che il problema non è "fuori" e che tu hai la mente per affrontarlo e risolverlo, ma invece che è la tua stessa mente, quella su cui ha fondato tutta la tua conoscenza del mondo, lo strumento che usi per fare e pensare ogni cosa, che ti inganna sulla natura delle cose e dei problemi, è un bel salto, ve l'assicuro.

La seconda era che c'era tutta una parte di me che non conoscevo minimamente e su cui non avevo alcun controllo: il mio subconscio.

Insomma a conti fatti , avevo capito un po' di cose ma mi ero incartato in una situazione peggiore di prima. Non potevo esser più sicuro della mia mente, di quello che pensavo, e non ero nemmeno in grado di conoscere cosa pensassi davvero sotto il velo della coscienza.

Come funziona questa cosa? Come può essere che non si è più sicuri della propria mente?

Siamo sempre stati educati a pensare che la tua capacità di ragionare sia una bussola per la vita, no?

Ed invece non era così. Dove stava il problema? Il problema stava nel fatto che come la maggior parte delle persone, pensavo che se una cosa o una situazione mi piaceva, dovevo cercare di averla per essere felice, o almeno contento. E se una cosa o una situazione non mi piaceva, dovevo cambiarla. Mai mi era passato per il cervello che dovessi pormi la domanda: ma perché una cosa mi piace o non mi piace? Perché devo esser condizionato da tutte queste cose che mi attraggono o che rifiuto?

Scoprii così che in verità abbiamo una serie di cose che ci manovrano in svariati modi, spingendoci a desiderare cose, persone, situazioni e ad avversarne altre, e tutte queste cose ci guidano in modo non molto differente dai fili che animano le marionette. E così molte delle cose che pensavo "mie" perché io le sperimentavo come originanti da me, erano in realtà provenienti da varie fonti, ma non da me scelte, o meglio non scelte coscientemente.

Era così chiaro che la mente.....mente. Ti fa credere tue, cose che non sono tue. Era nato in me il "grande sospetto" e cioè che quello che mi passava per la testa era molto poco attendibile. Era nata in me la dissociazione preventiva.

1.6 - soddisfazione ed insoddisfazione

Un'altra cosa era oramai chiara. Insoddisfazione e soddisfazione erano determinati al 100% dalla mia aprioristica scelta valoriale. Era cioè completamente dipendente da ciò che io decidevo essere "positivo" o "negativo", "buono" o "cattivo", "preferibile" o "non preferibile" e così via. E in effetti se fossi stato capace di cambiare queste classificazioni di valore avrei potuto, a seconda delle scelte fatte, fare della mia vita un paradiso o un inferno, pur restando "fuori" tutto esattamente come prima. E questo mi condusse ad un ulteriore conclusione: la realtà esistenziale, che avevo data per oggettiva, era completamente soggettiva, completamente.

1.7 - la mente impermanente

Nel frattempo avevo studiato un po' i principi del buddhismo e le cose cominciavano a quadrare: loro dicono che tutta la sofferenza dipende dal desiderio, ed in effetti era quello che anch'io avevo scoperto. Il preferire e l'avversare, il piacere e il dispiacere, il bene e il male, il buono e il cattivo, erano tutti desideri. Desideri di avvicinare quello che consideravo "bene" e desiderio di allontanare quello che consideravo "male". E a ben vedere, tutto quello che era troppo lontano da raggiungere ma che desideravo, era fonte di sofferenza, e allo stesso modo, tutto ciò che desideravo evitare e che viceversa si avvicinava, era fonte di dolore anch'esso. Insomma il buddhismo non diceva mica stupidaggini!
Ma, allo stesso modo, era pur vero che tali classificazione erano non di meno cambiabili! Non era mica obbligatorio continuare a desiderare ed avversare le stesse cose. Ma se questo era vero, era anche vero che di fisso, stabile, sicuro e certo, nella mente non c'era nulla!

1.8 - sogno o sono desto?

Ma se ciò che è oggettivo non lo è. Se ogni concetto è mutevole cosa c'è di stabile? Negli anni '70 andavano di moda i blue jeans a zampa d'elefante, capelli lunghi, scarpe a punta tonda e colletti di camicia di stile ottocento. Negli anni '80 andavano le giacche con le spalline e i capelli cotonati, negli anni '90 era di nuovo cambiato tutto...e...invariabilmente, tutte queste diverse cose erano considerate belle e desiderabili. Se il nostro concetto di bello non riesce a reggere più di 10 anni, come può essere preso sul serio?
I gusti cambiano e così le inclinazioni degli uomini. Che riguardi l'abbigliamento o l'architettura, i mezzi di trasporto o il modo di fare vacanze; il modo di studiare o i lavori considerati più "in" nulla è stabile. Ma se nulla è

stabile, né i gusti, né famiglia, né i matrimoni, né gli affetti, cosa c'è di "vero" nella vita? Di incontrovertibile? E se tutto dipende, ed è così, dai punti di vista, qual'é la Realtà? Cosa rimane del "nostro" mondo?

Una cosa semplice ed ovvia....che perfino mette in dubbio la realtà dei nostri sensi...noi come esseri umani, vediamo, con i nostri occhi, una sola limitata parte della realtà percepibile: quella della frequenza che noi infatti chiamiamo visibile, ma cosa c'è prima e dopo le frequenze che vediamo? E lo stesso accade con le frequenze udibili e quelle olfattive. Ma noi chiamiamo ciò che vediamo, sentiamo ed odoriamo realtà, ma ne è solo una piccola parte....

Allora se questo è vero, e lo è, è davvero realtà quella che viviamo? Siamo desti o stiamo sognando? Ho il serio sospetto che stiamo molto più sognando che vivendo davvero da svegli.

Ed una cosa è più che certa....che nel campo puramente mentale, quello dei pensieri, stiamo dormendo della grossa, quando riteniamo che quello che pensiamo sia la realtà delle cose.

Capitolo II° – alla ricerca del come

2.1 - Quando trovi l'osservatore

Le idee cambiano, i gusti cambiano, gli affetti cambiano, i ragionamenti e le priorità cambiano. Cosa rimane di costante, stabile, immutabile? Una cosa c'è. E sei tu che osservi tutto ciò. Tu che osservi te stesso che cambi idee, gusti, ragionamenti, vestiti, casa, affetti, posto in cui vivi.....Tu che osservi sei sempre lo stesso...osservi le tue paure e i tuoi atti coraggiosi, le tue scelte e le tue non scelte.... Tu sei quella unità di consapevolezza che può mettersi a distanza dalle cose che ti accadono, come se la cosa non ti riguardasse.....
Quando comprendi che non sei i tuoi pensieri, quando comprendi che ciò che pensi lo puoi cambiare, che ciò che ti condiziona e ti fa fare cose che non ti piacciono, non sei tu ma solo qualcosa che come un virus molesto agisce dentro di te contro la tua volontà....Quando ti rendi conto che la tua mente non sei tu, ma uno strumento a tua disposizione come le tue braccia e le tue gambe, allora scopri che c'è questa cosa, la coscienza, che è sempre lì a farti rendere conto di ciò che succede....E quando questo lo scopri, lo sperimenti, lo individui, hai cominciato il risveglio, hai cominciato il distacco dalla tua mente...l'osservatore si è svegliato e non può più riaddormentarsi, perché sa.

2.2 - Dissociazione e negazione

Quando scopri che le tue idee, i tuoi concetti di giusto e sbagliato, di bene e male, le tue preferenze, e le tue idiosincrasie, sono tutte mutevoli e condizionate, quando scopri che tutto può essere cambiato e che esiste una unità consapevole, la tua coscienza, che può rendersi conto di ciò, nasce la dissociazione. Si crea una distanza tra la tua coscienza e la tua mente, e questa distanza permette finalmente di "vedere" come la tua mente funziona e come riesce a condizionarti. Nasce così una negazione....o per meglio dire una disidentificazione..... si nega da quel momento di "essere" la propria mente, ma di pensa di "avere" una mente e di avere una mente che può e deve essere modificata.

E' questo il momento che segna la "conversione", il cambio di direzione. Si scopre un mondo nuovo, il mondo mentale in cui prima eravamo immersi senza consapevolezza. E' la scoperta della nostra personale Matrix, del nostro mondo virtuale che consideravamo assolutamente reale....Mentre prima, ad esempio, un contrattempo doveva essere per forza una cosa negativa, ed era assolutamente ovvio prendersela, "dopo" si comprende che il contrattempo è tale solo sulla base delle tue valutazioni, ma può benissimo essere un'opportunità anziché un ostacolo, una variante positiva della tua vita e soprattutto che dipende da come tu consideri la cosa, da come la mente si pone di fronte all'evento.

2.3 - Il nuovo io

Ti rendi conto quindi che quello che prima chiamavi "io" era in effetti una serie complessa ed articolata di pensieri che ti sei trovato lì, accatastati uno dopo l'altro e che li hai presi per tuoi anche se in effetti non è che poi ti piacessero tanto.....Ma ora sperimenti che c'è un nuovo "io" che non sapevi di avere e che è quello che riesce ad osservare tutto questo. Non solo, ma anche ha in testa un'altra idea di "io" che gli piacerebbe essere, ma che vede fortemente ostacolata da questa "mente" che viaggia su binari suoi, senza un conducente, un macchinista che la regoli....

Ti nasce così un nuovo desiderio che non è però pulsionale ed obbligatorio come gli altri, ma è più che altro un'aspirazione....un desiderio ad essere più libero, migliore, più felice, più in grado di volare alto, di essere leggero...nasce il desiderio di liberarsi di questa mente così vischiosa, piena di paura e di rabbia, preoccupata ed angosciata.

Questo nuovo io in gestazione "sa" che per poter emergere, tutto il vecchio materiale che ancora condiziona ed appesantisce, deve essere tolto di mezzo, spazzato via. Questo nuovo io ha capito che le paure, le convinzioni assolute, le ansie, le rabbie...tutto questo ciarpame mentale va ripulito per lasciare emergere ed agire il nuovo io.

2.4 - E adesso come faccio?

Ma questo nuovo io si trova di fronte ad un nuovo problema: il vecchio io non se ne vuole proprio andare.....non vuole rinunciare ai suoi vecchi schemi di funzionamento....accade ancora che anche se il nuovo io sa molto bene che la corretta reazione per quella situazione non è deprimersi, arrabbiarsi, spaventarsi, non di meno lui continua a deprimersi, arrabbiarsi e spaventarsi e scopre che quello che prima lui riteneva essere legittimamente il "suo" modo di reagire, oggi scopre che ci sono parassiti nella sua mente che lo obbligano a comportarsi come più non vuole fare, e più non vuole essere...Gran parte dei suoi comportamenti non sono "suoi" ma sono agiti dalla sua mente a prescindere dalla sua volontà *(dice S.Paolo nella lettera ai Romani cap 7:14-17: "Sappiamo infatti che la legge è spirituale, mentre io sono di carne, venduto come schiavo del peccato. Io non riesco a capire neppure ciò che faccio: infatti non quello che voglio io faccio, ma quello che detesto. Ora, se faccio quello che non voglio, io riconosco che la legge è buona; quindi non sono più io a farlo, ma il peccato che abita in me).*
Questa che è chiamata "carne" nelle parole di S.Paolo è proprio quel dominio della mente di cui non ci si riesce a liberarsi nemmeno dopo che la si è scoperta. Sono processi automatici che si avviano e che ci fanno comportare come burattini governati da fili invisibili...
Ora pare che la nuova situazione sia peggiore di quella precedente....Ora si sa che certi comportamenti sono sbagliati e non li si vuole più, ma non di meno sono ancora presenti e ci disturbano più di prima perché prima li consideravamo come scelti da noi e quindi erano ben accetti, mentre ora la loro sola presenza ci irrita e ci indispettisce ancora di più. La sensazione lucida e incisa nella carne che non siamo liberi nemmeno dentro la nostra testa è davvero frustrante.

In questa situazione nasce spontanea la domanda: e adesso come faccio?

2.5 - Aveva ragione il mister: quello che conta sono i risultati

Il mio allenatore di calcio lo diceva sempre: quello che conta sono i risultati. All'inizio la cosa mi piaceva poco....pensavo che giocare un bel calcio fosse la priorità...amavo l'estetica.....Poi capii che se hai risultati, rimanendo nell'ambito del rispetto delle regole, significava che in effetti avevi giocato meglio, almeno a lungo andare....e complessivamente.

Piano piano questo concetto del risultato acquisì peso nelle valutazioni delle cose. E scoprii che chi otteneva risultati, lo faceva perché lavorava MEGLIO, anche se non era subito evidente.

Ero ormai preso e decisamente orientato verso questa cosa del cambiamento interiore e volevo assolutamente ottenere dei risultati tangibili che mi dessero l'esatta percezione del miglioramento...Avevo già letto parecchio sui metodi di cambiamento personale: dalla psicoanalisi al training autogeno, dal Rebirthing al Kriya Yoga, spaziando con una certa voracità e anche confusione, da una cosa all'altra.

Nel frattempo, avevo cominciato a scoprire alcune cose per conto mio sul funzionamento della mente che furono i primi mattoni del metodo che questo libro illustra.....

2.6 - Il mio gioco: la DSE

Avevo scoperto che quando mi fissavo su un pensiero e lo stesso non mi piaceva, lui persistentemente e insopportabilmente, continuava a martellarmi nella testa, dandomi anche una frustrante sensazione di impotenza. Ma, se lo prendevo in carico di mia volontà e cominciavo a farlo "girare" nella testa con l'intenzione appunto di "farlo girare",.......alla fine "lui" si stancava e....puff, se ne andava...

La cosa era davvero curiosa....sembrava proprio un piccolo demone....fino a quando non lo volevo, stava lì, indistruttibile....quando avevo deciso di dargli spazio, di farlo entrare dalla porta principale del mio conscio, un po' come aprirgli la porta di casa, all'inizio si espandeva e prendeva ancora più spazio, ma poi, più gliene davo, meno gli piaceva....ci trovava sempre meno gusto...e alla fine si stancava e si....spegneva.

Cominciai a studiare questo meccanismo e scoprivo che continuava a funzionare per più pensieri, sistematicamente, e quindi cominciai ad usare questo metodo per tutte le cose che non mi piacevano girassero per la testa.....Non sempre funzionava.....ma molto spesso sì...e capii anche successivamente perché non funzionava quando non funzionava.

Avevo così trovato un metodo, un approccio per mettere sotto controllo certi impulsi della mente e certi pensieri poco costruttivi.

Nel corso degli anni molte cose di questo meccanismo mi si sono chiarite nella testa e sistematizzandole anche l'integrazione e con gli spunti di altri approcci, ho elaborato questo nuovo metodo al cambiamento personale che ora presento in modo organico e formalizzato ai lettori: la Deprogrammazione Semantico Energetica (DSE).

CAPITOLO III°: La DSE

3.1 - Definizione

Questo metodo si chiama Deprogrammazione Semantico Energetica (DSE). La DSE è una tecnica di **meditazione dinamica** che ha lo scopo di affrontare e risolvere nodi di sofferenza psicologica.

Di base si tratta di una tecnica "abreativa" che, similmente ad altre tecniche, opera attraverso la rivisitazione delle esperienze disturbanti e le "tratta" attraverso la loro ri-esperienza al fine di ottenerne lo scaricamento "energetico/emozionale."

Pur essendo simile ad altre tecniche ed anzi potendo anche essere integrata ad esse, la specificità della DSE è che si avvale in via preponderante se non esclusiva, dell'uso del linguaggio.

3.2 - CARATTERISTICHE

La DSE

- è una tecnica meditativa che si pratica da soli o con l'ausilio di un coach.
- è praticata da svegli o in modalità interiorizzata (da svegli ad occhi chiusi), come nelle pratiche di meditazione abituali.

- si basa sull'uso intensivo del linguaggio e della semantica del linguaggio. Partendo dalla constatazione che quasi ogni esperienza umana viene elaborata dal cervello attraverso una semantizzazione linguistica, (cioè il processo attraverso cui il linguaggio assume un preciso significato) la DSE, attraverso il linguaggio, accede ai contenuti mentali-cerebrali-neurali delle esperienze disturbanti presenti nel subconscio e nel preconscio.

- La DSE è una tecnica che porta il praticante a rivivere emozionalmente le singole condizioni-episodi emozionali-concetti che lo turbano e lo dis-turbano e, attraverso un preciso percorso del ciclo dell'emozione, porta allo scaricamento dell'energia emotiva inclusa nel nucleo emozionale e al conseguente sollievo.

- non utilizza processi derivanti, affini o riconducibili all'ipnotismo.

- la pratica della DSE pur essendo stata sviluppata in via autonoma e senza previamente conoscere i principi della PNL (Programmazione Neuro Linguistica) è, in più di un aspetto, simile ad alcune tecniche della stessa, con specifico riferimento alle sub-modalità auditive, e alla ripetizione, ma in virtù della sua specifica modalità di approccio, se ne distingue e differenzia significativamente, come potranno verificare leggendo questo testo, i professionisti che usano abitualmente la PNL nel coaching e nella formazione.

3.3 - COME FUNZIONA: aspetti teorici

Come sappiamo, la nostra mente opera costantemente 24 ore su 24 e il suo flusso di pensieri è costantemente attivo sia nella fase di veglia che nella fase del sonno. La maggior parte di questi processi sono subconsci o completamente inconsci, e solo una piccola parte di questi giungono in vari momenti alla coscienza che, nella quasi totalità dei casi, li considera come suoi, ci si identifica, li condivide e li attua.

Per capire cosa si intende per pensiero/processo subconscio si pensi all'atto di guidare un auto. Nella fase di apprendimento iniziale della tecnica di guida, il principiante deve, in ogni momento, essere cosciente di ciò che sta facendo e quindi "pensa": "ora premo la frizione, innesto la prima marcia e rilascio lentamente la frizione e contemporaneamente premo lievemente sull'acceleratore ecc."

Quando l'apprendimento ha fatto presa, tutti questi processi passano al subconscio che li gestisce con grande velocità ed accuratezza.
Per un autista esperto, la manipolazione di marce, frizione, freno, acceleratore, volante, frecce di direzione e visualizzazione e controllo del traffico, sono processi completamente padroneggiati che non richiedono nemmeno pensiero cosciente.

Qualsiasi processo di apprendimento si basa su questa modalità, dall'andare in bicicletta al lavarsi i denti, dal battere sulla tastiera del PC, all'uso del linguaggio.

Tantissime altre cose vengono apprese dalla mente attraverso modalità consce per poi passare al subconscio, ma purtroppo, per nostra sfortuna, non tutte sono utili come imparare a guidare un'automobile.

Una caratteristica della mente è che quando apprende una cosa come l'andare in bicicletta, non la dimentica più. Perché? Perché le istruzioni sono depositate nel cervello in una memoria molto capace, proprio come quella di un hard disk, pronte per essere riprese al momento del bisogno.

Vi sarà sicuramente capitato di rivedere a distanza di parecchio tempo un film e di scoprire che non ve lo ricordate. Poi mano a mano che procedono le scene cominciate a dire..." ma io questo l'ho già visto...ma non mi ricordo...ah, sì adesso succede che..."

Questa è la prova che il ricordo del film è immagazzinato nel vostro cervello ma che non riuscite ad accedervi se non in misura frammentaria, ma voi "sapete" che l'avete visto e più lo vedete, più certi particolari tornano alla mente.
Quindi il cervello registra tutto accuratamente, quello che manca spesso è la capacità di accedere al ricordo.
Allo stesso modo ogni esperienza del vostro passato è registrata da qualche parte e può essere recuperata.

Quello che però a noi interessa non è tanto recuperare tutto, che sarebbe opera inutile e mastodontica, ma recuperare e togliere di mezzo, o rendere innocue, quelle esperienze e quei pensieri che ci fanno stare male, che ci fanno soffrire.

Perché ci sono esperienze e pensieri che ci fanno stare male?

C'è una caratteristica del ricordo e dell'apprendimento e cioè che insieme al ricordo, si registrano automaticamente anche le emozioni e le sensazioni legate a quel ricordo. E purtroppo certe emozioni non sono proprio il massimo. Nel nostro passato ci può essere dolore, rabbia, tristezza, paure di diverso tipo, angosce, timori, vergogne e così via.

Alla base di ogni situazione che viviamo ci sono almeno due categorie di componenti: una verbalizzazione del pensiero (noi "pensiamo" con il linguaggio) ed un'emozione correlata.

Poniamo l'ipotesi di un episodio di vergogna, diciamo una brutta figura fatta a scuola tanti anni prima... Immaginiamo che la persona coinvolta sia un ragazzino di 10 anni e che durante una recita scolastica sia scivolato sulla scena della recita e finito con la faccia in un vaso di scena pieno d'acqua, rovinando la recita e facendo ridere tutti i presenti, compagni e genitori.

Ora questa persona cresciuta, potrebbe tranquillamente sviluppare un sacro terrore per i giudizi altrui, una discreta avversione per l'acqua e una timidezza esorbitante a parlare con le altre persone.
Bene. Anche se durante l'esperienza incriminata nessuno potrebbe aver detto nulla e il malcapitato ragazzino potrebbe aver solo sentito la sua testa nell'acqua e le risate dal pubblico, ciò non di meno questo avrà causato una verbalizzazione dei suoi processi di pensiero che avrebbero potuto essere del tipo: " che figura, che figura, sono un cretino, Dio che vergogna, adesso rideranno di

me in eterno, voglio scappare via di qui, cosa diranno mamma è papà, non voglio più vedere nessuno ecc. ecc.".

Passando il tempo e gli anni il ragazzo diventato uomo potrà metabolizzare in modo più o meno felice, quell'esperienza, ma tracce possono rimanere, anche pesanti. Tali tracce potranno disturbare pesantemente il prosieguo della sua vita se quell'episodio e soprattutto le considerazioni fobiche, cariche di paura e vergogna, non venissero cancellate e superate. Cosa fare dunque?

3.4 - ASPETTI PRATICI

Come si agisce con la DSE? Il contenuto verbale/semantico/linguistico che il ragazzo ha registrato nel suo cervello in quel momento si è inevitabilmente associato allo stato emotivo/energetico che lui aveva in quel momento. Ogni volta che le condizioni della vita lo porteranno ad avvicinarsi a quel tipo di esperienza, vuoi perché c'è qualcuno che lo sta osservando, vuoi perché c'è qualche situazione che lo porta al centro dell'attenzione altrui o anche solo perché lui lo pensa in un dato momento, quel contenuto salirà dall'inconscio e si presenterà alla coscienza come imbarazzo o vergogna o come pensiero auto punitivo (sono un cretino) o come paura che qualcuno rida e così via.

Il praticante DSE che voglia provare ad affrontare una situazione simile opererà secondo questo schema:

1. **Dissociazione.** Quello che sto sentendo (il disagio, l'imbarazzo, la rabbia verso di sé o verso gli altri ecc) *non sono io, ma è qualcosa che agisce dentro e contro di me,* e che infatti io non voglio. Il praticante si deve rendere conto che quella reazione opera **contro** la sua volontà. La dissociazione può essere ottenuta attraverso modalità visive (es: immaginare un altro se stesso che osserva il primo che ha la reazione indesiderata), oppure

29

cinestesiche (il praticante sente delle reazioni nel suo corpo che stanno approssimando quelle della "registrazione" originale ma le considera come estranee a sé), o infine auditive (il praticante sente frasi, voci nella sua testa che riproducono od approssimano ciò che ha sperimentato la prima volta o che ha pensato in quell'occasione, ma le considera delle mere registrazioni che sta ascoltando, non diversamente da quando si possa sentire musica e ci si metta a ballare; si può comunque e sempre smettere di farlo in ogni momento e mantenere la consapevolezza che si sta recitando una parte.)

2. **Ripetizione.** Diversamente da quello che tutti tendiamo a fare, cioè reprimere, cancellare, negare e/o cercare di mettere sotto controllo l'emozione negativa, *il praticante cercherà attivamente di verbalizzare* (solo mentalmente se si trova in pubblico, anche parlando tra sé se in privato) il senso di disagio , mettendosi in ascolto di quello che il subconscio sta dicendogli, ed anzi se possibile, *aumentando la sensazione fino a renderla più evidente possibile* e precisamente rispondente come intensità a ciò che sta provando. **E' prioritario mantenere la dissociazione dall'esperienza, come evidenziato sopra,** in quanto la manifestazione dell'emozione non appartenente alla persona, ma è da essa stessa subita e non ne ha quindi il controllo.

Una volta portata alla coscienza (in DSE si dice agganciata), il praticante potrà entrarvi come un attore che recita una parte e dare ad essa lo sfogo emozionale che sta richiedendo, ripetendo la frase, accompagnandola con l'emozione che è presente e, se presenti, con i movimenti e le sensazioni del corpo (cinestetica) che vengono spontanei, **qualsiasi essi siano**.

3. **Scaricamento.** La ripetizione della frase e delle emozioni dovranno essere rivissute fino alla loro trasformazione, sotto il profilo della verbalizzazione, *in un ritornello senza senso e senza carica emozionale,*

quasi fosse una filastrocca, e fino al manifestarsi di una correlata sensazione di alleggerimento e rilassamento. Giunti a questo punto avremo realizzato uno scaricamento dell'emozione perturbativa (la deprogrammazione è quindi avvenuta) e almeno quella specifica parte rivissuta sarà stata cancellata a livello emozionale.

E' importante non farsi impressionare dalle reazioni che la mente può porre in atto quando "entra" nell'esperienza. Il praticante potrà rimanere stupito ed anche umiliato, scandalizzato, deluso, perfino sconvolto, dalla reazione che il suo subconscio potrà mettere in scena, ma deve sempre tenere primariamente in evidenza **che queste energie sono dentro di lui ma NON sono lui.** Più energia (non importa se negativa) si manifesterà durante l'applicazione della tecnica e più il processo porterà beneficio.

Perché funziona

La DSE funziona perché è in grado di "scaricare energeticamente" *rapidamente e completamente* l'emozione. Di fatto riproduce in una modalità accelerata e integrale, il classico processo della psicoterapia e della psicoanalisi, senza per questo essere né una psicoterapia, né una psicoanalisi, ma solo una tecnica linguistica. Infatti il processo dell'analisi "classica" ha di fatto in sé due componenti di base: il tentativo sistematico del terapeuta di portare l'analizzato a *comprendere* quali siano i suoi processi mentali inconsci, le mascherature dei "veri" motivi dei suoi comportamenti, le autoprotezioni della psiche ecc., e come secondo componente il permettere appunto, attraverso il racconto esistenziale del paziente, lo *scaricamento* emozionale.
Qualsiasi anche mediocre analista sa che quando il pianto, la rabbia, le emozioni negative, cominciano ad affiorare, allora la terapia sta facendo progressi.
Il punto debole di questi approcci, che hanno però avuto il pregevole e storico merito di aver individuato il modo di operare dell'inconscio, è che tale processo è soggetto a

due variabili: il tempo enorme che tali "comprensioni" richiedono, a causa della messa in moto delle resistenze della psiche, e l'estrema debolezza e discontinuità del prezioso processo di scaricamento che essendo totalmente nelle mani del paziente, e stimolato in modo specifico solo nel momento della terapia, dal lavoro del terapista, se e quando abile, risulta poi per nulla o scarsamente efficace, oltre che insopportabilmente lungo. A ciò si deve purtroppo aggiungere che a livello inconscio, lo stesso terapeuta può trovarsi nella scorretta ed imbarazzante posizione di voler continuare la terapia, fonte di sicuro guadagno, e per questo magari non utilizzare a pieno le proprie risorse a favore del paziente. Succede.

La DSE, oltre ad essere concepita, dopo un periodo inziale di coaching, come autopraticata e pertanto gratuita, non affronta o meglio non richiede di affrontare la completa analisi della propria personalità richiesta dalla psicoterapia. Entrare nelle motivazioni occulte e trasversali dei propri comportamenti, saperle distinguere, elaborarle, è anche un rilevante sforzo concettuale di cui non tutti sono capaci, e che inoltre rischia anzi di essere controproducente per l'efficienza del metodo.

LA DSE, essendo essenzialmente una tecnica, richiede come illustrato sopra, poche operazioni concettuali per essere avviata e cominciare a funzionare. Poi, con l'aumento della conoscenza del metodo, si affina la capacità e la potenzialità di raggiungere risultati.

3.5 - La DSE e altri approcci

Molti sono gli approcci di cambiamento comportamentale che sono stati messi a punto nel tempo. Alcuni sono di natura squisitamente mentale e cognitiva, come appunto la psicoterapia, la psicoanalisi, l'analisi transazionale, la dinamica mentale, la PNL, la meditazione trascendentale ecc.

Vi sono poi le terapie che operano sul corpo come l'agopuntura, la digitopressione, lo yoga, l'EFT, la bioenergetica, lo shiastu ecc.

Tutti questi approcci non sono in contrasto con la DSE e possono essere utilmente praticati anche contemporaneamente. Peraltro alcune di queste sono già un mix di altre tecniche.

Da un punto di vista di classificazione la DSE operando o meglio partendo dal mentale è una tecnica del primo gruppo, in specifico una dinamica mentale, ma la sua manifestazione, il suo svilupparsi investe anche il corpo come conseguenza dell'aggancio delle CMS effettuato durante l'applicazione della tecnica. Durante lo scaricamento emozionale vengono infatti ad essere interessate parti del corpo che cambiano il loro funzionamento, la loro contrazione e il loro comportamento.

CAPITOLO IV° - La dissociazione nella DSE

Nell'applicazione della DSE è fondamentale l'adozione della dissociazione. Cosa si intende con questo?
Nel vivere situazioni di disagio emozionale le persone normalmente sperimentano la sofferenza che le emozioni negative fanno loro attraversare, *pensando* che tali emozioni siano parte integrante della loro personalità...la sofferenza è considerata parte del loro essere.
Vi sono anzi persone ed anche psicoterapeuti che spingono verso questo "inglobamento" nella personalità di queste emozioni....e quindi se una persona soffre d'ansia le si dirà che è una persona *ansiosa*, se soffre di attacchi di rabbia si dirà che è *iraconda*, se soffre di depressione si dirà che è *depressa, e così via.*
In DSE non si ragiona così, ma in modo diametralmente opposto.
In DSE si parte dall'assunto che una cosa fa parte di una persona SE la persona la vuole e la sceglie. E questo non è il caso delle emozioni negative...che non sono né volute né ricercate, né tantomeno scelte. Ogni persona che ha a che fare con queste cose vi dirà con tutta la forza che ha dentro che lei NON vuole queste cose, che se ne vuole liberare...ed ha perfettamente ragione!
Queste manifestazioni psico-emotive avvengono e si manifestano CONTRO la volontà della persona e quindi per la DSE sono solo ospiti indesiderati, parassiti della mente che infestano aree che non gli competono.
Questa "consapevolezza", questa "presa di coscienza", è il primo passo verso la dissociazione dalle aree di sofferenza. Esattamente come non si dice "sono l'influenza" ma "ho l'influenza" allo stesso modo si dice "ho pensieri ansiosi " e non "sono ansioso" "ho pensieri rabbiosi" e non "sono iracondo" e "ho pensieri depressivi" e non "sono depresso".
Questa presa di coscienza, questa "comprensione" di come funziona la mente è di fondamentale importanza per il processo di applicazione della DSE. Consente di prendere distanza da tutte le manifestazioni irrazionali e dolorose della psiche e al tempo stesso di affrontarle,

sapendo che sono estranee al vero cuore del nostro "io", perché infatti è così.

Questa "comprensione" è definita dissociazione di primo livello, cosiddetta perché è la più semplice ed immediata, ed ha la funzione di stabilire con chiarezza che i problemi dentro la mente non sono problemi DELLA persona, ma che la persona "ha".

Qual è la conseguenza ed il vantaggio del prendere dissociazione? Nel momento in cui la DSE viene applicata correttamente e viene agganciata l'emozione negativa, la persona che sta operando in DSE deve rimanere consapevole che la manifestazione emotiva della mente di quel momento, NON è lei stessa, ma un processo mentale compulsivo e parassita che opera fuori dal suo controllo. Questa semplice verità che viene sistematicamente ignorata, consente di "accettare" l'affioramento dell'emozione e dei pensieri ad essa collegata (CMS) e consente di poterla trattare con le tecnica DSE, *independentemente* da ciò che essa dice.

4.1 - La dissociazione nella tradizione spirituale

Dissociarsi è quindi un "chiamarsi fuori" da qualcosa, un disallinearsi da un modo di pensare, da un'ideologia, da un comportamento.

Dissociarsi significa semplicemente "non riconoscersi più". Si usa infatti anche in politica quando un politico si "dissocia" dalla linea del suo partito o da qualche affermazione di un collega.

Il termine tecnico dissociazione usato anche nelle terapie della mente, è in effetti un passo basilare del processo di crescita per molte tradizioni spirituali e religiose.

Nella spiritualità la dissociazione ha a che fare, non con qualcosa di esterno a cui ci si era prima associati, ma ha a che fare con qualcosa di interno alla persona stessa, e che va a scindersi.

Esiste cioè un momento in cui la persona "non si riconosce più" in se stessa, e comincia a considerare che ciò che aveva sempre considerato "se stesso" e a cui si riferiva quando diceva "io", non sia un tutt'uno, monolitico, **ma sia fatto di parti diverse, di cui molte sarebbero da eliminare.** E' il momento quindi in cui si scopre che almeno "qualcosa" di sé è "altro" da sé.

Uno delle modalità più semplici ed usuali in cui ciò avviene è quando la persona si rende conto che molti, o almeno alcuni, dei suoi comportamenti sono di fatto "obbligatori" e su cui essa non ha un vero controllo.

Fino ad un momento prima di questa presa di coscienza, la persona riteneva cose come: "io sono fatto così, questo è il mio carattere, se mi fanno questo mi arrabbio, se mi dicono quello ci rimango male, ecc ecc."; pensava cioè che le sue reazioni, anche quando non gradite a se stessa, anche quando non volute, fossero comunque parte di lei, integrate in lei.

Ad un certo punto avviene uno sdoppiamento, che è appunto l'inizio del processo di dissociazione, in cui la persona si accorge che queste sue reazioni, questi comportamenti lei NON li vuole e che quindi sono estranei alla sua volontà alle sue scelte.

Ma qui inizia il percorso del risveglio e può essere doloroso. Si scopre infatti che vi sono dei "nemici" dentro di noi che fanno quello che vogliono e noi poco possiamo fare per disciplinarli. Ma tale dissociazione porta in sé una nuova scoperta, ovvia ma ugualmente inaspettata. C'è un "io", un "sé" che vorrebbe un altro modo di essere, di pensare, di vivere. Ed è un "io" bello, solare, libero, forte, pacifico, felice. Parallelamente alla scoperta di questo nuovo "io" si accelera la scoperta dell'io "oscuro". Operando per differenza, il profilarsi del nuovo "io" disegna e definisce nettamente il "vecchio" io e anche ciò che in un primo momento non si era visto, viene alla luce.

Il primo periodo dopo la prima dissociazione vede scoperte dolorose....ciò che prima era considerato normale, perfino desiderabile, ora è visto come negativo, come ostacolo, come vincolo al percorso del nuovo "io".

Si scopre che le cose che non ci piacciono più del vecchio io sono tante e difficili da cancellare. E' questo il momento che nella religione viene definito della "conversione" perché di questo poi si tratta, di un cambio di direzione, spesso a 180°, verso un nuovo progetto esistenziale. S. Paolo diceva che quello che prima della "conversione" considerava un guadagno, dopo di essa, lo considerava una perdita. Accade questo: mentre prima si inseguiva ad esempio il plauso della gente e i riconoscimenti materiali, dopo la "conversione" si capisce che questo modo di vivere significa mettere la propria stima e felicità nelle mani degli altri, esserne schiavo...si passa da una centratura sul mondo esterno ad una centratura su di sé...e questo vuol dire rovesciare completamente la prospettiva delle cose.

La speculazione buddista, ed anche larga parte del pensiero filosofico orientale, fa della dissociazione l'architrave di tutta la sua impostazione. L'enunciazione delle 4 nobili verità con l'affermazione che il desiderio è la fonte di ogni sofferenza, desiderio che nel Buddismo ha un'accezione molto ampia, è il trionfo dell'affermazione che la mente si inganna sulla realtà e che per scoprire la verità occorra ritirarsi dalla mente e prenderne le distanze, quindi dissociarsi. Attraverso la dissociazione il Buddista mette "distanza" tra sé e la mente e i suoi pensieri, tra sé e il desiderio, e ciò gli permette di osservarlo e di affrancarsene sempre di più.

4.2 - La dissociazione nella DSE - I tre livelli

La dissociazione è un processo mentale, un concetto, grazie al quale si prende un patto con se stessi di non "riconoscersi" nelle cose che succederanno da un certo momento in poi. Per esempio un attore che sta per entrare in una parte, ad esempio di un assassino, sa perfettamente che per quanto reciterà quel ruolo, lui non sarà quel personaggio e sarà cosciente di ciò in ogni momento, anche se una parte di lui sarà quell'assassino per qualche minuto.

La dissociazione è quindi una *presa di coscienza* del fatto che ciò che si vivrà in una certa situazione non sarà del tutto reale o non lo sarà affatto. Come si ricorderà chi ha visto il film Matrix, il protagonista Neo, era perfettamente convinto che Matrix fosse la realtà e solo dopo l'assunzione della pillola si rende conto che Matrix era una falsa realtà. Da quel momento Neo opera in Matrix in modo "dissociato" avendo sempre chiaro di essere dentro una realtà artificiale.

La dissociazione per così dire "preventiva" è definita in DSE **dissociazione di primo livello**, in quanto viene decisa a priori, prima di iniziare la DSE. Essa consiste nella decisione e determinazione del praticante di DSE di non immedesimarsi, mai, in qualsiasi processo ed emozione l'applicazione della DSE dovesse causare al praticante.

La dissociazione di primo livello è una misura cautelativa, che peraltro è fondata su una evidente verità, finalizzata a proteggere il praticante da emozioni che potrebbe incontrare nella pratica. Ciò non significa che nello sperimentare la DSE il praticante non avrà emozioni ed anche forti, ma ciò che saprà in ogni momento è che queste emozioni non sono "lui" ma solo una scarica energetica emozionale che deve essere risolta, né più né meno di una scarica di colpi di tosse o di starnuti.

La dissociazione di secondo livello è invece il processo reale che il praticante DEVE mettere in atto al momento dell'entrata nella CMS (carica mentale subconscia) e che consiste, nel momento in cui viene agganciata la CMS, di entrare in una posizione di "attore" nella scena che va a recitare. Ciò significa che nel momento che la CMS si manifesta e dall'inconscio giunge alla coscienza, il praticante opererà una leggera ma netta differenziazione tra ciò che la CMS gli farà dire e la percezione di sé come persona. Il concetto che meglio esprime tale stato è quello della recitazione. Come infatti un attore "entra" nella parte e cerca al meglio delle sue capacità di "essere" il suo personaggio, al tempo stesso egli è perfettamente cosciente di NON essere quel personaggio. Ciò è così vero nel caso della recitazione che questo "entrare" ed "uscire" dal ruolo avviene più e più volte, fino all'ok definitivo del regista. Questo atteggiamento è il corretto mix di coinvolgimento e dissociazione che consente lo scaricamento dell'energia emozionale e al contempo la protezione del praticante.

La dissociazione di terzo livello consiste nella creazione di una figura intermedia immaginata (avatar) che attua l'esperienza di scaricamento delle CMS, al posto del praticante mantenendo quest'ultimo ai margini della scena, quale osservatore.

Questo tipo di dissociazione è indicato, quando non addirittura obbligatorio, nei casi di **forte e fortissima emotività della CMS in atto**, tale da non consentire la dissociazione "normale" di secondo livello.

Con la dissociazione di terzo livello la protezione per il praticante è molto elevata.......la distanza dalla scena, fisica e personale, consente di affrontare la CMS in una situazione protetta.

La dissociazione di terzo livello non è però la situazione ideale per il trattamento e lo scaricamento......Può infatti accadere che la distanza dall'esperienza sia eccessiva per ottenere una risoluzione completa. D'altra parte, se l'emozione è davvero rilevante e troppo coinvolgente, è una scelta e tappa obbligata ed è comunque in grado di ottenere buoni risultati e consentire di riprendere l'episodio-CMS successivamente con una dissociazione di II° livello, per poi passare al I° livello.

Una variante della dissociazione di terzo livello è l'uso delle sub-personalità multiple. Mi riferisco qui ad una categoria tipica della psicologia che in DSE viene semplicemente tradotta come CMS personalizzata. Le varie CMS, infatti sono pensieri che esprimono concetti ed emozioni che possono anche essere completamente contraddittori tra loro perché migliaia sono le idee che circolano nella mente e nel subcosciente e, semplicemente, pretendere da queste una certa omogeneità e coerenza è impossibile. Le CMS possono "dirci" che si deve essere pacifici e perdonare, ma anche che ci si deve vendicare e farla pagare; possono "dirci" che dobbiamo credere in noi stessi, e allo stesso tempo "dirci" che non valiamo un tubo, il tutto mescolato insieme.

Tutte queste frasi, questi pensieri sono parte di un elevato e complesso sistema che noi, superficialmente ed erroneamente chiamiamo "carattere" o "personalità".

Usando queste definizioni affermiamo implicitamente che siamo "noi" che siamo fatti così e quindi....c'è poco da fare......che è poi un ottimo modo per irrigidirsi e non cambiare più.

In realtà invece tutte queste multiformi e contraddittorie "istanze" della nostra mente possono essere viste e trattate come CMS e in particolare, ai fini della dissociazione di terzo livello, come sub-personalità. Cosa significa? Significa che possiamo assumere questi pensieri contraddittori, come differenti punti di vista che possiamo "rappresentare" come nostre distinte identità, sub-personalità, appunto.

Ecco allora che potremo, ai fini di trattare compiutamente queste "cariche", immaginarle sempre come "attori".
Nell'applicare la DSE potremo fare recitare le diverse CMS ai vari attori-avatar di noi stessi e metterli su un palco di un teatro e farli dialetticamente confrontarsi tra loro, mentre noi ci metteremo comodamente su un loggione del teatro a visionare al scena....lasciando che i vari attori (o attrici) se la vedano tra loro.....

Così facendo otterremo che si attui una robusta dissociazione tra noi, la nostra vera essenza, cioè l'osservatore, e i nostri processi mentali che vengono posti sul palco in figura di persone. Inoltre avremo la possibilità di far attuare ai nostri "avatar" la DSE per nostro conto, lasciandoli sfogare.....L'unico trucco che useremo sarà di fare RIPETERE ai singoli attori la loro monotona parte...fino alla noia, fino cioè a quando la scena che vediamo sul palco non avrà perso tutta o la massima parte della sua emotività.

Per fare un esempio concreto, possiamo immaginare il caso di una persona che abbia paura degli ascensori, sotto il profilo della claustrofobia, ma che la stessa persona sia ferocemente critica con se stessa per questa fobia...Avremo allora una CMS che in prossimità di un ascensore comincerà ad attivarsi e a dire..."no,no,no, non respiro, soffoco, sto male, muoio qui dentro" Allo stesso tempo un'altra CMS (il critico interiore) dirà "sei un cretino! Come fai ad aver paura di un ascensore? Piantala deficiente!"

Bene, il nostro amico potrà allora far così...si immaginerà un teatro, e si siederà su una comoda poltrona su un loggione...vedrà spegnersi le luci....i tendoni di scena spostarsi e comparire due attori, uno di fronte all'altro e lì vicino un ascensore...la prima figura cercherà di entrarvi , ma comincerà a esprimersi come detto sopra: no,no,no, non respiro, soffoco, sto male ecc ecc., Mentre il secondo inizierà ad aggredirlo dicendogli: sei un cretino, coma fai ad aver paura di un ascensore? Piantala deficiente!!

Si lasceranno sfogare i due avatar fino alla noia e si osserverà dalla poltrona sul loggione tutta la scena, fino a quando il primo, quello con la paura, deciderà di entrare nell'ascensore e premere il bottone che lo porta sotto il palco e fino a quando il secondo avatar (il critico) non avrà sfogato tutta la sua frustrazione e si sentirà leggero e perfino divertito della scena.

Questa è un esempio di come possa essere usata la dissociazione con le sub-personalità. Attraverso la ripetizione delle "frasi" contenute nelle CMS si andrà a scaricare l'energia emozionale in esse contenute, portando al miglioramento, se non alla risoluzione del problema.

La dissociazione è quindi uno straordinario ausilio tecnico per affrontare emozioni negative e coinvolgenti, per poter entrare a contatto con forze che ci possano intimidire o spaventare e al tempo stesso permetterci di rimanere in uno spazio mentale protetto.

CAPITOLO V°: la tecnica della ripetizione

5.1 - Ciclo della ripetizione

Il vero cuore segreto della tecnica DSE è nel ciclo della ripetizione. Questo è dovuto ad un fatto che ha origine nel modo stesso in cui la mente opera. Il fatto è che le energie emozionali, vanno ad esaurirsi se sono portate a livello del conscio e costantemente tenute attive attraverso la ripetizione (abreazione) del loro contenuto. Come funziona questo? Facciamo un esempio...

Provate per esempio a vedere una scena di un film che possa spaventare e rivedetela consecutivamente 20-30-40 volte......garantito che perderà la sua forza di spaventarvi fino a quando non la troverete addirittura ridicola.

Attraverso questo procedimento si percorre infatti tutto il ciclo emozionale...dal terrore alla paura, dalla paura all'inquietudine, dall'inquietudine al fastidio, dal fastidio alla rabbia, dalla rabbia all'indifferenza, per arrivare alla noia e poi...al divertente addirittura. E come se la mente, affrontando di fatto la stessa situazione in modo intensivo ed accelerato, come garantito dalla ripetizione forzata, acquisisca conoscenza e consapevolezza della innocuità di ciò sta sperimentando e velocemente lo rielabori, cambiando rapidamente la sua reazione di fronte alla cosa.

Questo procedere della mente è sempre stato sotto gli occhi di tutti, ma non lo sì è valorizzato per l'importanza che ha.....Il procedimento dell'apprendimento, ad esempio, è conosciuto da tutti noi, ma nessuno si ferma a pensare quali radicali mutamenti avvengono nella mente sottoposta al processo di apprendimento....Per esempio cose che possano far ribrezzo o nausea o dare repulsione, se si comincia per dovere o mancanza di alternative a farle spesso, divengono un po' per volta meno repellenti, meno ostiche da affrontare...fino a diventare...normali.

Questo succede anche con la paura...si pensi alla paura di cadere in bicicletta oppure alla paura di guidare....le prime volte che si affrontano queste cose si è talvolta davvero spaventati se non di più...poi, piano piano, la mente impara a gestire la situazione e non reagisce più con quell'allarme e si rilassa...certi automatismi entrano nel subconscio e la paura svanisce..

Tutti questi processi legati all'apprendimento sono processi che ripercorrono gli stessi stadi mentali della ripetizione attuata con la DSE, con la sola differenza che la DSE velocizza questo processo e si concentra su un segmento specifico di problema (la frase) che grazie alla ripetizione rapida verrà depotenziata e deprogrammata completamente nel giro di pochi minuti.

Il corretto approccio è cercare e trovare la frase che ha la carica energetica/emotiva più alta e, trovatala, la si ripete, recitandola, dando così all'emozione la possibilità di scemare ed infine esaurirsi.

L'aggancio della corretta frase è di fondamentale importanza perché la frase opera come "vascello emotivo" del contenuto energetico insito nella frase stessa (cioè della semantica, del significato letterale della frase), ed agganciare la frase corretta è come colpire all'interno di una flotta di navi, la Santa Barbara, la nave che porta le munizioni.

Infatti, per proseguire nell'allegoria, se la frase non è corretta, non è quella che porta dentro il carico emotivo, è come se si sparasse sì ad una delle navi della flotta, ma non a quella giusta...il lavoro è sempre utile, ma non proficuo. Accade infatti che anche la frase non corretta abbia la sua utilità perché approssima comunque quella corretta.

Frasi utilizzate dal significato analogo a quella "obiettivo", avranno comunque la funzione di "risucchiare" verso la frase corretta, perché la mente, operando in modo associativo, passa velocemente da un concetto ai suoi associati.

La forza del processo ripetitivo, ad esempio, è ben conosciuta e praticata intensivamente nello sport, dove l'automatismo è elemento di base per la riuscita della performance agonistica. Vengono impiegati mesi ed anni per correggere pochi appoggi dei piedi dei velocisti, per far sì che ogni passo divenga perfetto nell'esecuzione; la stessa cosa per il salto in alto per il lancio del giavellotto, per la corsa ad ostacoli e così via.

Anche nelle più conosciute tecniche di modificazione del comportamento, il modello ripetitivo viene costantemente applicato....fino ad ottenere la correzione voluta. Se si osserva un bambino che cerca di camminare, vedrete quante volte cerca di alzarsi sulle gambe prima che il movimento divenga fluido e sicuro. Per imparare a scrivere correttamente con una tastiera, l'addestramento professionale insiste in modo maniacale sull'automazione dei movimenti, al fine di renderli interni e subcoscienti.

In DSE, operando ai fini della cancellazione dei processi perturbanti, questo processo viene fatto al contrario... invece di "programmare" un comportamento, lo si "deprogramma" attraverso la sua ossessiva ripetizione....

Perché funziona? Perché di fatto le emozioni sono reazioni di una parte della mente molto legata al corpo fisico, e sono sovraordinate dal comando madre di questa parte di mente: sopravvivere.

La rabbia, ad esempio, è spesso dovuta alla reazione di un percepito pericolo....se qualcuno ci aggredisce fisicamente o minaccia di farlo, la rabbia è esattamente la strategia messa in atto per evitare un danno fisico. Allo stesso modo opera la paura.

Anche le paure più psicologiche sono in effetti traduzioni della paura di morte....si pensi alla paura di restare soli....se si va un po' in profondità, alla vera alimentazione di questa paura, si troverà la paura di essere senza protezione, cioè di essere a rischio di vita.

La mente cerca quindi di assicurarsi la massima capacità di sopravvivere e le emozioni sono l'espressione di questa principale strategia: evitare di mettersi in situazioni che possano poi portare a morire.

La ripetizione, nel giro di pochi minuti, mette di fronte alla mente del corpo (non alla mente razionale la quale opera su logiche molto più elevate e svincolate dal desiderio di sopravvivenza) l'evidenza che quella "cosa" che riteneva essere molto pericolosa, in effetti non lo è e quindi può essere affrontata senza rischi. Il processo è veloce perché la mente del corpo è veloce...ripassando davanti al pericolo, rappresentato dalla frase carica emotivamente (la CMS), molte volte nel giro di poco tempo, elabora che "quel" pericolo non è più tale e abbandona le difese, rappresentate dalle emozioni.

5.2 - cosa è una CMS

Le cariche mentali subconscie (CMS) in DSE sono il vero obiettivo da ricercare, individuare e distruggere. Cos'è una CMS? La CMS è una certa quantità di energia mentale dolorosa o anche non dolorosa, contenuta in una frase, in un "vascello semantico" cioè una frase di senso compiuto che porta al proprio interno una certa quantità di energia.

La CMS è, in termini psicologici, parte di un processo mentale attuale o di un episodio del passato che si "attiva" ogni qualvolta una situazione della vita approssima l'episodio che è all'origine della prima esperienza.

Ogni episodio che abbia causato sofferenza, ansia, rabbia, angoscia, disorientamento, dolore fisico nel passato, è composto da una serie di cose...rumori, voci, sensazioni, cose viste ecc.

Ogni volta che una situazione futura anche molto di là nel tempo, dopo molti anni, approssimerà quella situazione originaria, sorgerà nella persona il ricordo subconscio dell'episodio originale ed anche di quelli collegati ad esso e susseguenti nel tempo.

Si può affermare che ogni episodio è composto da più CMS ed anzi, più è durato nel tempo l'episodio originale e più è facile che ne contenga di più.

La cosa interessante è che tutto ciò che la persona ha sperimentato, sentito e pensato in quei momenti, viene registrato in una parte del cervello e comincia ad operare nei normali processi mentali della persona...se ad esempio è stato detto durante un episodio doloroso "non ti muovere" questo comando potrà condizionare la persona a tal punto da rendergli difficili gli spostamenti, i viaggi, e per estensione anche il prendere decisioni, cambiare idea, l'essere sciolto nei movimenti, riuscire bene nello sport e così via...

Allo stesso modo una famiglia che abbia costantemente spaventato il figlio con continui "non puoi farlo" "ubbidisci" "guai a te se..." " non rispondere così a tuo/tua......" si caricherà di una serie di comandi che inibiranno pesantemente la sua capacità di prendere decisioni autonome.

Le CMS sono composte da ognuno dei comandi in questi episodi della vita *ed anche dalle reazioni che a questi comandi la persona ha posto in essere per difendersene* e che si sono sedimentati nella mente e che da lì operano con continuità.

Le CMS possono quindi essere riconosciute in vari modi ed è importante riconoscerle perché questo accelera grandemente il miglioramento generale della persona. Più CMS vengono individuate e "scaricate", più migliorerà lo stato generale.

Essenzialmente le CMS sono comandi che possono assumere tutte le caratteristiche che il linguaggio assume nel suo dispiegarsi ed esprimersi.

Per le caratteristiche delle emozioni, è possibile però catalogare queste emozioni in alcune grandi famiglie di comandi in base all'emozione che portano con sé.

5.3 - Le CMS della paura

La paura è una delle grandi emozioni negative. Ne fanno parte tutte le ansie, gli attacchi di panico, le fobie, gli shock per pericoli fisici ecc.

La CMS della paura sono di diverso tipo.

Le dirette quali:

"ho paura" , " è pericoloso", " ho tanta paura", " rischi la vita", " se lo fai morirai", "ti uccideranno", "morte" , "se lo fai ti uccido", "aiuto" ecc.

Le indirette

Sono le CMS che generano paura ma possono anche non farlo, quali:

" non voglio stare solo", "sono rimasta sola", "non ce la faccio", "perderò tutto", " mi lascerà" "non lasciarmi" , "perché mi avete abbandonato?", " come farò ad andare avanti?".

Le CMS indirette sono strutture energetiche che fanno da "cappello" alla paura sottostante che non viene nemmeno esplicitata...se ad esempio c'è una CMS che dice "come farò ad andare avanti"? A livello sottostante ci può essere una "risposta" che dice " morirai"...Di norma il trattamento della CMS "cappello" consente poi di accedere a quella sottostante, che ha a che fare spesso con idee di morte.

5.4 - Le CMS dell'ansia

Le CMS di ansia sono sempre della famiglia delle CMS della paura, ma differiscono leggermente nella loro anatomia e struttura. Mentre nelle CMS di paura il comando è diretto ed univoco e contiene paura pura, come il semplicissimo "ho paura", nelle CMS di ansia sono in gioco almeno due CMS. La prima è quella che genera la paura e la seconda è quella che cerca di organizzare una risposta alla prima, di contenerla, di evitarla, di sconfiggerla. Sono sempre almeno due le istanze in gioco. Esempi:
- "e se avessi il cancro?" (qui c'è il se dubitativo che contiene entro certi limiti la paura vera che è quella di avere la malattia...c'è incertezza e quindi paura e speranza allo stesso tempo)
- "non so più cosa fare" (qui c'è la paura che è data dalla sensazione di aver esaurito le opzioni di scelta e al contempo c'è una speranza di avere ancora delle opzioni che al momento non si vedono, ma che non sono categoricamente escluse....c'è ancora un barlume di speranza

- "domani ho l'esame!" (anche qui l'ansia è data da due CMS contrapposte che sono la paura di non passare l'esame e la speranza di passarlo)
- "cosa succederà se...?" (come nei casi precedenti ci sono sempre minimo due istanze...una positiva ed una negativa, che sono entrambe incerte e questa incertezza genera l'ansia)

L'ansia è, in altri termini, sempre una manifestazione di un conflitto interiore caratterizzato dalla sensazione di paura che appare incombente, ma non ancora conclamata.

5.5 - Le CMS di angoscia

Le CMS di angoscia sono simili a quelle di ansia, ma caratterizzate da maggior pesantezza generale e si distinguono in CMS legate al fare e legate al subire.

Nel primo caso l'angoscia ha che fare con decisioni che la persona che ne soffre deve prendere e che sembrano non avere opzioni gradevoli. Esempi
- "cosa gli /le dirò?" (è qui sottinteso che nessuna delle opzioni è considerata accettabile, per cui la persona dovrà comunicare qualcosa di estremamente sgradevole)
- " non posso dirglielo" (anche qui è sottinteso che non c'è alternativa valida e che la cosa va detta)
- "devo proprio dirglielo?" (come nel caso precedente)

Le CMS di angoscia legate al subire invece, mettono la persona in una situazione obbligata dove però nulla gli è chiesto di fare, ma solo accettare ciò che è già previsto. Esempi:
- "oddio, cosa mi faranno?" (per esempio nel caso di un'operazione chirurgica)
- " no, non lo possono fare" (ad esempio un sequestro di beni previsto di lì a poco che non è possibile evitare)
- "come farò ad andare a avanti?" (es: nel caso di perdita di lavoro)
- "e se lo vengono a sapere?" (nel caso di segreti o vergogne)

La CMS di angoscia hanno quindi in comune un senso di paura unito però ad ineluttabilità e quindi ad una situazione senza apparenti sbocchi.

5.6 - Le CMS di rabbia

Le CMS di rabbia sono tra le più facili da individuare e tra le più pericolose da trattare. Sono le più facili perché la rabbia è molto facilmente identificabile autonomamente e allo stesso tempo anche facili da individuare come frasi essendo la rabbia molto "pressante" e desiderosa di mostrarsi alla coscienza...normalmente essa, e la frase che la porta, vengono identificate in pochi secondi o poco più. Sono d'altro canto tra le più pericolose perché la loro ripetizione porta in superficie l'ira contenuta e vanno quindi accuratamente dissociate per evitare che la rabbia stessa faccia fare cose pericolose per sé o per altri. E' inoltre pericolosa per le persone che soffrono di problemi cardiocircolatori per via dello sbalzo di pressione che il manifestarsi del sentimento comporta. Durante la ripetizione di CMS di rabbia è bene premunirsi di un oggetto non contundente su cui poter scaricare l'aggressività senza provocare danni materiali e pericoli di ferimento. Può essere indicato un cuscino, o comunque un oggetto che lanciato non provochi pericoli. Può sembrare un po' ridicolo, ma scariche di rabbia portano facilmente fuori controllo e si possono mettere in atto comportamenti lesionistici o autolesionistici senza nemmeno accorgersene. Anche qui, come per altre emozioni, la tecnica è la medesima: ripetizione fino alla noia ed oltre per ottenere un completo scaricamento ed annullamento dell'emozione correlata. Vediamo esempi di CMS di rabbia

- " questo tu non lo dici"
- " se lo fai ti spacco...."
- "se lo fai ti ammazzo"
- " sei un/uno/una......"
- "provaci e vedi..."
- "maledetto/a!!"

- " beep....beep....beep" (insulti di varia natura ed estrazione)

Qui solo la fantasia può mettere in lista la serie di frasi che l'ira può verbalizzare. E' importante dire una cosa a proposito della rabbia che vale comunque per tutte le CMS. Quello che una CMS di rabbia produce a livello linguistico/semantico può esser davvero irripetibile e lasciare interdetto, sconvolto o scandalizzato chi pratica la DSE. Ma si tratta solo di una CMS che NON rappresenta il vero pensiero e modo di essere della persona. Nei momenti di rabbia la mente va inconsciamente alla ricerca delle frase che nel suo deposito di memoria sia la più insultante, vile, carognosa ed ingiusta espressione che possa trovare perché la mente in quel momento ODIA al suo massimo livello e cerca nel linguaggio l'espressione che sa o ritiene esser la più distruttiva che ci sia. E' comune che una volta percorsa la CMS con la tecnica, la persona provi un forte ribrezzo per quello che ha verbalizzato (e anche questo ribrezzo è in realtà di una nuova CMS) e se ne vergogni profondamente. Non va mai dimenticato quanto detto a proposito della dissociazione. Le CMS NON sono sotto il controllo della persona. Se così non fosse non sarebbero CMS ma "veri" pensieri, razionali, condivisi e eticamente coerenti con i valori della persona.
Abbiamo un subconscio che vuole fare un po' quello che gli pare e dobbiamo accettarlo.

5.7 - Le CMS negatrici e sviatrici

Qui entriamo in una categoria di CMS molto particolari ed interessanti. Sono tutte le CMS che dicono che non ci sono CMS. Strano vero? Invece ci sono eccome. La loro esistenza è dovuta al tentativo della mente di non cambiare lo status-quo della persona. Le ragioni sono tante....dal desiderio di non soffrire (affrontare le proprie CMS non è proprio una passeggiata) al fatto che la persona non "riconosce" la natura della CMS ed inserisce, o meglio "utilizza" senza accorgersene un comando che la

51

nega perché convinta che il "suo" problema sia da un'altra parte. Vediamo come funzionano. Esempi:

- "non è questo" (può essere una CMS che dica "non è questo che devi fare/cercare/dire/pensare e che non permette ad un'altra CMS di venire "a galla" e che dice per puro esempio "non abbandonarmi", perché la persona si è convinta di essere forte e di non aver paura di alcun abbandono. Convinta di ciò, frapporrà tra il cosciente e la CMS questo "non è questo")
- "non è importante" (vale lo stesso discorso fatto per la CMS precedente)
- "non è vero" (idem)
- "lascia perdere" (CMS "classica" che svia l'attenzione dal problema)
- "non è il caso" (idem come sopra)
- "non ci credo" (altra CMS "classica", che consente di non entrare mai in nulla che possa mettere in discussione alcunché delle proprie certezze)
- "per me è diverso – "io sono diverso" – "il mio caso è diverso" (altre CMS "classiche" che sviano dall'affrontare il problema)
- "non ci posso credere" (variante del "non ci credo")
- "devo prima capire" (CMS che opera come sviatore e che convince la persona che la risoluzione passa attraverso la "comprensione" di qualcosa prima che si possa risolvere. CMS molto alimentata dagli psicologi. Non permette di accedere al contenuto della CMS se non dopo lunghissimi e perditempo "giri" della mente.)
- "questo non si può dire" (CMS molto comune nei casi in cui ci sono stati molti segreti e vergogne che hanno inibito la sincerità della persona e ne sono diventate un abito mentale. Il "non si può dire" opera come puro "negatore" della CMS sottostante e ha la capacità di non far riconoscere alla persona la sua CMS).
- "non si può sapere" (CMS che induce incertezza e blocca l'accesso alla CMS sottostante o che in quel momento è sottostante).
- " guarda da un'altra parte" (CMS sviatrice)

- " non sentirlo!" (CMS "sordizzante o desensibilizzante" che blocca l'accesso della mente alla CMS sottostante)

Si può procedere per pagine e pagine....ogni frase che blocca una funzionalità, un movimento del pensiero, può operare come negatrice o sviatrice della CMS a cui si sta dando la caccia. Dal punto di vista del praticante l'unica cosa che conta per scoprire se c'è qualche comando negatore è come sempre "mettersi in ascolto" del proprio subconscio...provare delle frasi che approssimano lo stato d'animo del momento e....... si troverà quello che esso dice.

5.8 - Le CMS maniacali

Come ci sono le CMS che danno pensieri negativi, ci sono anche le CMS che portano con sé pensieri che apparentemente sono positivi ma che invece sono solo delle esplosioni dell'ego e che come tali sono difficilmente riconoscibili perché noi tutti tendiamo a considerare negativo solo ciò che ci fa soffrire, che ci fa sentire deboli ed inadeguati. Ma ci sono anche stati d'animo squilibrati che sembrano essere positivi, in cui ci sentiamo forti, quasi onnipotenti, in cui nulla ci sembra possa ostacolarci e che ci fa comportare come se gli altri non esistessero, come contasse solo il raggiungimento dei nostri obiettivi. Ci muoviamo come macchine schiacciasassi, ci sentiamo di essere assolutamente nel giusto, inesorabili ed inarrestabili. In questi casi non riusciamo quasi a tollerare chi si mette in mezzo, chi ci attarda nei nostri obiettivi, chi ci è d'intralcio. E' quello stato d'animo in cui chi ci presenta le sue difficoltà, le sue incertezze e le sue debolezze, ci sembra una persona inferiore, viziata, un peso morto che non vogliamo né ascoltare né aiutare.

E' l'egoismo nella sua forma gloriosa. Ed è una CMS anche questa.

Esempi:

"va tutto alla grande"

"sono il massimo", "sei il massimo"

"queste sono tutte stupidaggini" (con tono di superiorità ed arroganza)

" e svegliati una buona volta!" (rivolto a chi non ce la fa)
" dio quanto sono bravo/a!"
" sono un genio!!"
" io li faccio fuori tutti" , " nessuno mi può battere"
" so io come si fa!"
" sono il migliore"

Queste modalità di espressione della mente non sono rappresentazioni della fiducia in sé stessi o dell'autostima. Sono invece rappresentazioni di un ipertrofismo dell'io che come tutte le esagerazioni sono l'altra faccia della negatività.

Per essere esageratamente contenti di sé occorre avere in testa molte idee su ciò che va bene e ciò che va male e quanto più ci si idolatra, tanto più si ha in testa cose "negative" che si ritiene NON possedere e si è portati a disprezzare coloro che a nostro giudizio invece hanno queste cose. Viceversa l'autostima è sereno rapporto con sé stessi, che non significa considerare se stessi degli onnipotenti, ma delle persone in equilibrio al proprio interno, che in virtù di questa pace ed equilibrio, rimangano aperti ai bisogni ed alle sofferenze del prossimo, e non li spazzino via perché "d'intralcio".

5.9 - Le CMS da senso di colpa

Le CMS di colpa sono tutte le CMS che sono state introiettate e assimilate dalla persona nel corso della sua vita e che indicano perentoriamente alla mente un parametro di confronto tra ciò che si dovrebbe essere e ciò che il comando dice che la persona è oppure tra ciò che è giusto fare e ciò che è stato fatto.

E' importante questa sottolineatura. Non è tanto importante che quello che la CMS dica sia vero e meno. E' invece importante che il subconscio lo dica con forza. E' questo che fa sì che il senso di colpa agisca.

Tutto ciò che ruota intorno ai sensi di colpa ha a che fare con il Bene e il Male, infatti è solo sulla base di un confronto "etico" che il senso di colpa può nascere.

Le origini dei sensi di colpa possono risiedere molto spesso nell'educazione, nella morale comune, nel giudizio

degli altri, della collettività. Comunque sia, come già ribadito, in DSE non si va a caccia di "spiegazioni" del come e del perché una CMS si sia installata nel sistema operativo della mente, ma ci si limita alla sua identificazione e trattamento.
Ecco alcuni esempi di sensi di colpa:

- "non dovevo/dovevi farlo"
- " non si fa così"
- "vergognati" (questo è classicamente un comando di origine genitoriale o di figura genitoriale
- " andrai all'inferno"
- " e se lo vengono a sapere?"
- "non si deve sapere" (questo è anche un comando tacitante, può creare introversione)
- "è peccato!!!"
- "non dovevo dirlo"
- "guai se lo scoprono!" (è anche una CMS di paura)
- "non me lo perdonerò mai" "non me lo posso perdonare"
- "non posso più rimediare"
- " ho tradito la loro/sua fiducia"
- "ma come hai fatto a...." (CMS che contiene spesso anche rabbia verso di sé)
- "ho rovinato tutto"
- "non posso più tornare indietro"
- "non merito più niente"

5.10 - Le CMS che ci fanno piacere

Ci sono anche le CMS che ci piacciono tanto....e sono le più difficili da scoprire....Quali sono? Eh... quelle che ti dicono che sei bravo, sei intelligente, sei carino, sei impagabile, ecc. Sono tutte quelle "frasi" che vorremmo tanto sentirci sempre dire e che ci danno una serie di impressioni che ci esaltano, ci coccolano e ci rassicurano...tanto tanto.

Ma come!!! E perché sarebbero CMS? Perché?

Provate a toglierle o girarle nel suo opposto, e poi vedete....

Qui è in gioco il concetto di libertà. Più sono le cose di cui hai bisogno per stare bene e più sei condizionato. Più le cose che ti fanno stare bene dipendono dagli altri e più schiavo sei.

Se quindi hai bisogno di costante approvazione e/o di autoapprovazione, tanto più sarai in mano a queste cose. Finché le hai, le cose procedono più o meno bene, ma quando te le tolgono sono come quando si toglie la dose ad un eroinomane.

Vediamone un po'

- ma come sei bravo/a!! (....e pensi..sìììììì, dimmelo ancora, ripetimelo!!)

- sei una persona eccezionale (bell'esempio di egocentrismo, ci accarezza l'ego dicendo che sei meglio degli altri)

- sei un tipo / una tipa affascinante (qui si scatena l'ego estetico/carismatico)

- ma come sei colto/a informato/a (gongola l'ego intellettuale...)

- ma come sei buono/a, gentile, affabile (pompa l'ego "affettivo/mistico")

- non ho mai incontrato un tipo come te (accarezza irresistibilmente l'egocentrismo...non sei più solo eccezionale, sei....unico!)

Beh, ma essere gentili e fare apprezzamenti, soprattutto se sinceri, stimola la cooperazione, scalda i rapporti, crea amore...no?

Certo che lo fa, ma che succede se solo freniamo un po'?
Se solo cominciamo ad essere un meno entusiasti?

Esempio:

- beh, da una persona come te non mi aspettavo un'uscita del genere....

- Sì, sarai bravo in questo , però in quello......

- Mi sembravi un tipo più affascinante...

- Ah, ma tu sei gentile solo se ti si da' ragione!

- Mah, mi aspettavo di più da te....

- Sì, sarai anche colto, ma nella pratica....

Sentite come si perde la magia, il feeeling, come ci si sente soli, delusi, fragili?

Ecco...... questa è la droga dell'approvazione degli altri, del ricercare carezze spirituali, coccole emotive....Non si è davvero liberi fino a quando questo ci aspettiamo e questo, nascostamente, sotto sotto, esigiamo.

Non sarebbe molto meglio abituarsi all'idea che possiamo anche essere ordinari, non eccezionali, mediamente ignoranti (ogni persona davvero colta SA di essere sommamente ignorante), non unici? Trovate questa idea insopportabile? Bella CMS da trattare. Vi viene da ridere di cuore di voi stessi se vi pensate "normali" , cioè non eccezionali, non unici, non straordinari? Siete allora molto avanti sulla via della liberazione.

Chi di voi ha letto un po' delle storie di iniziazione, della religiosità orientale, o anche del Vangelo, sa che spesso i maestri sono stati incredibilmente crudeli con i loro migliori allievi. E perché? Perché proprio queste coccole emotive erano il principale veleno da estirpare....creare uno spirito forte e libero nel discepolo...questo era l'obiettivo.

Ma non scoraggiamoci....una grande montagna si sposta un sassolino alla volta....c'è tempo...tutta l'eternità, per crescere e liberarsi, e se una parola gentile l'abbiamo sulla bocca, se una parola d'ammirazione ci esce dal cuore, diciamola...c'è bisogno di un po' di dolcezza, di stima....ricordiamoci però di non farci troppo sedurre... restiamo svegli!

5.11 - Le CMS direttive

Avete spesso la difficoltà a dire di no? Sentite un forte impulso ad assecondare quello che vi viene chiesto? Avete l'impressione che gli altri vi costringano? Questo succede quando e perché avete avuto un'educazione rigida, inflessibile, con molti comandi genitoriali che obbligavano a fare le cose, ed impartite con molta forza ed energia.

Genitori che erano soliti usare frasi molto impositive quali "ubbidisci" "fa' quello che ti dico", "non rispondere a tuo padre/madre" , "comportati bene" "guai a te se..." "rispetta tua madre", "rispetta tuo padre" "tu fai quello che ti dico io".

Gli psicologi tendono ad ampliare la spiegazione delle genesi di questi stati mentali con colte espressioni come "imposizione delle figure genitoriali", oppure "introiezione di modelli direttivi", "prevalenza del vissuto genitoriale" ecc. e parlano di "elaborazione dei modelli introiettati", di "percorsi di affrancamento" (sempre lunghi e faticosi), facendo pensare che svincolarsi da certi "imprinting" (marchiature) sia per forza lungo e complesso.

La verità è che ciò che lascia traccia veramente nella mente è il contenuto "energetico/emozionale" di questi comandi ed è esattamente questo che deve essere alleggerito nella mente.

Per rendere chiaro il concetto se il comando "ubbidisci" viene formulato ad un bambino con tono calmo ed affettuoso o anche solo cordiale, tale comando non avrà alcun effetto nocivo sulla psiche perché non porta traccia emozionale del comando stesso (vale a dire che non c'è CMS perché appunto manca la "carica"), mentre se il tono del comando è minaccioso (che significa in definitiva che è prevista l'immissione di dolore in mancanza di ubbidienza), esso bloccherà la mente nella paura (un bambino ha scarse autodifese) ed imprimerà con forza nei circuiti mentali il comando, che da allora comincerà ad operare ogni qualvolta si approssima la possibilità di NON ubbidire, obbligando al comportamento richiesto nel comando. Tutta la capacità di invalidare una persona risiede nella forza energetica dei comandi. Quando questa forza energetica viene dissolta (la DSE è un modo ma non l'unico) allora il comando perde la sua forza schiavizzante.

Quindi anche decenni di comandi e condizionamenti genitoriali possono essere risolti dallo scaricamento di anche poche espressioni tipiche (dipende dai casi) che, originando da sempre le stesse persone (padre e madre nella quasi totalità dei casi) hanno la fortuna di essere sempre le stesse e quindi ridurre il lavoro necessario allo scaricamento.

Diversa ed ovviamente più complessa, è la situazione di violenze fisiche che in nome di questi modelli direttivi sono state impartite. In questi casi oltre al timore generato dai comandi carichi di minaccia si assommano "registrazioni" di dolore fisico che possono essere anche purtroppo gravi. Il trattamento in questo caso può essere comunque affrontato con la DSE, ma il richiamo dei comandi porterà con sé anche sensazioni corporee che richiamano il dolore provato e richiedono maggiore determinazione ad affrontare tutto il ciclo dell'emozione fino al completo scaricamento, portandosi appresso contrazioni muscolari, sensazioni fisiche di oppressione, magari dolori psicosomatici che però, come per il collegato emozionale, potranno essere risolte durante la ripetizione.

Mano a mano che si procederà nello scaricamento di questi comandi (comunque si ottenga lo scaricamento), l'idea spaventevole di non ubbidire diventerà sempre più flebile fino al dissolvimento.

5.12 - Le CMS della depressione

Come ci sono le CMS della paura, della rabbia, dei sensi di colpa ecc., ci sono anche quelli della depressione e del resto è logico...tutto passa per la testa e quindi anche la depressione è un fenomeno "mentale" e visto che la DSE funziona per la paura, perché non per la depressione?
Cosa è la depressione? La depressione è una convinzione mentale radicata di non avere vie d'uscita. Questo è ciò che porta alla depressione: la (percepita) mancanza di soluzioni. Fino a quando la persona SA che non ha vie d'uscita, allora siamo nella depressione cosiddetta "reattiva", cioè una situazione di depressione con causa evidente (esempio un lutto, una malattia inguaribile) ma quando la "ragione" passa nel subconscio e poi nell'inconscio, allora si "cronicizza" e diventa "endogena".
Dal punto di vista della DSE però, si ragiona in un altro modo...e cioè: qual è la CMS che mi fa sentire così "giù"?
Eh, ce ne sono tantissime che possono provocare questo...Vediamole un po'.
- "non ne uscirò mai"
- "è tutto inutile"
- "non ha alcun senso"
- " la vita non ha senso"
- "rimarrò solo/sola"
- "qualsiasi cosa faccia, non cambierà nulla"
- "non c'è speranza"
- "è tutto finito"
- "non tornerà più"
- "l'ho perso/a per sempre"
- "sarai sempre schiavo/a"
- "la mia/tua vita è finita"
- "è impossibile uscirne"

- "è impossibile"
- "è inutile combattere"
- "da qui non uscirai mai più"
- "sei in trappola"
- "hai perso l'occasione"
- "sei depresso/a"
- "non si può guarire"
- "è incurabile"
- " è finita"
- "è meglio morire"
- "dalla depressione non si esce"
- "non c'è niente da fare"

Tutti i pensieri/frasi che hanno in sé una nota di "impossibilità o "ineluttabilità" portano o possono portare ad uno stato d'animo depresso. Nel caso della paura ad esempio, c'è una soluzione che è la fuga, oppure l'ignorare il problema, oppure evitarlo. Nella rabbia c'è l'affrontare il problema. Nella depressione invece c'è di fondo, l'impossibilità, l'inevitabilità, la non azione. Quando si è depressi non si è agitati, perché la depressione è la resa senza condizioni...nella depressione non c'è contrazione muscolare, movimento, dinamismo....c'è la resa della mente e del corpo e quindi le parole, le frasi, i pensieri che "guidano" sono semantiche (CMS) che hanno al loro interno questa emozione di "impossibilità".
La DSE, grazie alla tecnica di scaricamento insita nel metodo, permette di agganciare queste CMS e scaricarle...quando ciò avviene è facile che si liberi del pianto che è l'emozione espressiva della depressione, o per essere più precisi dell'emozione più vicina alla depressione ma un poco più alta.....Scaricare CMS depressive induce grandi miglioramenti nello stato generale...la prima sensazione è quella di risveglio della speranza, della speranza che le cose possano tornare a cambiare, a migliorare....lo spirito si rialza.... quando l'energia di dolore compressa nelle CMS depressive si libera, la spinta vitale si riaccende. Liberarsi di CMS depressive genera una vera e propria rinascita alla vita.

Capitolo VI° - Ambiti di applicazione DSE

Essendo la DSE uno strumento di trattamento dei processi mentali, virtualmente nessun processo mentale deve a priori essere escluso dal trattamento. Tutto ciò che la mente elabora è potenzialmente processabile dalla tecnica DSE.

Questo consente pertanto di prevedere ambiti di applicazione anche in campi normalmente considerati nell'ambito del concetto di dipendenza, come il fumo, i farmaci, l'abuso di alcol.

Questo ambiti di condizionamento psichico hanno sempre due componenti, uno di tipo fisico e l'altro di tipo psicologico.

La DSE essendo un metodo puramente "mentale" opera solo sull'aspetto psicologico della dipendenza, ma spesso, se non sempre, è proprio questa componente della dipendenza la più ostica da piegare e vincere. Il modo per applicare la DSE per queste dipendenze non varia rispetto alle applicazioni già viste nel capitolo III°, essendo la tecnica sempre uguale a se stessa. Può però essere utile vedere in specifico quale può essere l'approccio più utile per ogni problema specifico.

6.1 - Il fumo

Il fumo è una dipendenza molto pericolosa. Molto più pericolosa di quella da psicofarmaci, perché oltre a dare dipendenza fisica, oltre che psichica, come per gli psicofarmaci, nuoce alla salute in modo molto pesante, come è risaputo, e può portare alla morte per cancro.

Liberarsi quindi di questo vizio è cosa di primaria importanza e ben lo sanno i tabagisti che sono disposti, quando vogliono smettere, a fare quasi qualsiasi cosa per uscire dal vizio.

Come può aiutare la DSE in questi casi?

Il fumo come si accennava, ha due componenti che ne determinano la dipendenza e sono la nicotina e....la dipendenza psicologica dalle sigarette e dall'atto del fumare.

La prima è prettamente fisica. I metodi che operano nel contrastare il fumo hanno di mira proprio questa componente, assumendo che la dipendenza più pesante venga dalla sostanza.

Ma non è proprio così. La componente più forte di una dipendenza è data dalla <u>abitudine</u> ad un certo comportamento che ha una forza straordinaria sulla mente.

Come disarticolare un'abitudine? Per poterlo fare occorre prima conoscere come "funziona" un'abitudine.

In DSE la cosa viene vista da un punto di vista di "comandi" mentali, come le altre manifestazioni emotive, l'ansia, la paura, la rabbia, l'angoscia.

In ogni attività umana la "mente" subconscia manda segnali, comandi, ordini di fare e non fare, senza che noi a livello conscio ce ne si accorga. Questo fa sì che non si abbia la più pallida idea di COSA la mente ci dica per farci continuare con le solite abitudini e in questo caso con il fumo.

Cosa ci dirà la mente per farci fumare? I fumatori abituali sanno che, mentre stanno magari parlando o guardando la TV o pensando a risolvere qualche problema, automaticamente "qualcosa" da' il comando di prendere il pacchetto, aprirlo, estrarre la sigaretta, cercare l'accendino, accendere e aspirare la prima boccata di fumo. Tutto questo senza rendersi conto di ciò che si sta facendo (è un processo governato dal subconscio). Ma in effetti la mente ha fatto una serie di cose: ha "ordinato" di prendere il pacchetto e di avviare tutta la procedura e sul piano parallelo avrà detto una cosa del tipo "adesso mi faccio una sigaretta" oppure "ho bisogno di una sigaretta" oppure "devo fumare" o ancora "ho bisogno di fumare".

Tutti questi comandi sotto traccia sono quei processi che rendono estremamente difficile "smettere" di fumare. Quando si cerca di smettere, la persona cerca di frapporre la sua volontà a questo processo, immettendo un comando con la volontà che dice "no, non devo" oppure "non devo fumare" o qualcosa di simile.

Il problema è che quando il subconscio viene "ostacolato" raddoppia se non moltiplica la forza del suo comando, che continua a premere sulla mente fino a quando non venga eseguito. E questo rende la cosa molto penosa.

Con la DSE, analogamente a quanto viene fatto per altre cose, per le emozioni, si attua un processo inverso, di non resistenza, ma anzi di ripetizione del comando che impone di fumare. Nel momento che il fumatore cercherà la sigaretta, farà mente locale ai suoi pensieri e cercherà sistematicamente di individuare i comandi che si sono attivati e comincerà a ripeterli, senza accendere la sigaretta per la quantità di tempo necessaria a "scaricare" di energia quel comando, fino a ritornare ad uno stato di quiete e di controllo.

Potrà accadere che non si riesca a controllare l'impulso subito la prima volta e che tale processo necessiti di più tentativi di applicazione, ma dopo ogni ripetizione un po' della forza del comando se ne sarà andata e la fatica nell'esercitare il controllo tenderà a scendere fino a scomparire. Applicando questo metodo per un paio di settimane si disarticolano i comandi che presiedono al vizio del fumo e l'abbandono del "rito" dell'accensione diventa facile.

6.2 - Le dipendenze da farmaci

Anche in questo caso come per il fumo le condizioni di dipendenza sono di due tipi, la dipendenza fisico-fisiologica dall'effetto del farmaco e la dipendenza psicologica.

Parlando di dipendenza da farmaci si intende abitualmente la dipendenza dalla famiglia degli psicofarmaci, ma in realtà la dipendenza da farmaci è molto più vasta, comprendendo anche tutti i farmaci di cui ci convinciamo essere indispensabili come ad esempio gli antinfiammatori, gli analgesici, gli antiallergici ecc ecc.

Anche in questo caso avremo la possibilità di gestire la dipendenza psicologica che causa se possibile più danno di quella fisiologica.

Nel caso degli psicofarmaci tutto sommato la cosa è abbastanza semplice.....

L'uso dello psicofarmaco, ad esempio dell'ansiolitico, instaura molto rapidamente una dipendenza psicologica, grazie al suo marcato effetto fisiologico. Chi l'assume avverte immediatamente il cambiamento nella reattività, nel livello dell'ansia etc. Questo fa sì che la mente si crei rapidamente l'abitudine all'assunzione. Come si potrà procedere? Si dovrà, analogamente al caso del fumo, ritardare l'assunzione del farmaco o posticiparlo per almeno 24 ore e aspettare che il subconscio cominci a "reclamarlo" come necessario. Le modalità di verbalizzazione di questa esigenza potrà essere diversificato, ma molto simile nella sua essenzialità. Il comando potrà essere indifferentemente " ho bisogno della pastiglia" "devo prendere il calmante" " non posso stare senza il ......" non ce la faccio senza il ......" ecc ecc. Questa "dipendenza" analogamente al caso del fumo, avrà in accoppiamento anche la sintomatologia associata alla dipendenza fisiologica, che però è di norma molto sopravvalutata. I disturbi che generano sono paragonabili se non inferiori ad altri disturbi fisici che sopportiamo con una certa facilità. Nel caso degli ansiolitici possono provocare irritabilità, una certa aggressività ed ovviamente ansia, ma sono effetti che durano poche decine di ore. Ben più insidiosa è invece la pletora di convinzioni che la persona si fa della loro necessità ed imprescindibilità. Convincersi di non poterne fare a meno è la loro maggior forza, ed è questa che va sconfitta. Una volta sconfitta la convinzione della loro insostituibilità, sarà gioco facile resistere per qualche ora ad un maggior nervosismo, ad un po' di insonnia.

Analoga situazione presentano altri tipi di farmaci che hanno funzionalità di analgesico, anti acido, antinfiammatorio. Quello che da' forza all'assunzione di queste sostanze, una volta che la fase di necessità farmacologica sia stata superata, è data dal timore che si radica nella mente che senza la loro costante assunzione i disturbi possano ritornare.

Anche in questo caso si andrà alla ricerca delle frasi che contengono i concetti visti prima per gli psicofarmaci e si andrà a scaricarli con la tecnica DSE.

E' in effetti la paura il vero motore della dipendenza, in definitiva di tutte le dipendenze.
Ma con la corretta applicazione della DSE la paura viene aggredita usando la sua stessa forza, con un approccio simile allo judo, si usa la forza della paura contro se stessa. La ripetizione da' alla mente la possibilità di portare a tutta evidenza e forza il comando che la contiene e lasciandola sfogare rende evidente alla persona la sua inutilità a continuare ad esistere...e ciò facilita la sua immediata cancellazione "energetica".
L'energia racchiusa in quella paura viene quindi liberata e restituita alla persona in forma liberamente disponibile.

6.3 - Anoressia e bulimia

Questi disturbi legati ai processi di alimentazione sono diventati una psicodipendenza sempre più importante negli ultimi anni. Le ragioni sono tante, ma principalmente hanno a che fare con i modelli di estetica imposti o veicolati dalla società. A questo riguardo occorre fare una precisazione sulla natura dei condizionamenti che l'ambiente pone in essere verso i singoli individui. Sempre nella storia ci sono stati modelli e stili e linee di pensiero dominanti, ed ogni cultura ha subito i relativi condizionamenti. Quindi nulla di nuovo sotto il sole.
Come già ribadito più volte, l'approccio della DSE non ha una specificità di applicazione, ma, essendo una tecnica meccanica che attiene ai processi di pensiero, può essere applicata a qualsiasi pensiero. Questo vale anche per bulimia ed anoressia
Ogni psicodipendenza ha in sé una caratteristica: si insinua nella mente come un'idea di necessità assoluta e proprio questa sua caratteristica fa sì che la sua forza sia coercitiva sulla volontà dell'individuo.
L'avere una linea sinuosa e leggera, diventata come una sorta di garanzia di attrattività femminile, ha fatto sì che l'anoressia, il rifiuto del cibo, sia diventato un obbligo ineludibile per tutte quelle giovani donne che hanno assorbito la convinzione che l'essere filiformi sia un obbligo. Cosa abbiamo a livello di DSE?

[A livello dei processi mentali che si insediano in questi comportamenti avviene che la persona si convinca che "è troppo grassa" o che "se mangio ingrasso" oppure "sono una cicciona" o ancora "devo perdere altri tre chili". Guardandosi allo specchio queste persone non guarderanno che nella maggior parte del loro corpo c'è una vistosa mancanza di massa muscolare, ma si concentreranno sui punti dove ancora si può ravvisare una certa "normalità" di struttura e la "interpreteranno" come "grasso" spinti dal comando compulsivo che dice "sono troppo grassa".
Un'altra via che conduce all'anoressia è il rifiuto del cibo in quanto tale, indipendentemente dai risultati estetici. Il rifiuto del cibo può avere cause molto diverse ma alla fine vi è comunque un comando che lo rende effettivo ed è un comando che ordina di non alimentarsi. Le frasi con cui questo ordine si manifestano sono le più disparate ma comunque hanno lo stesso contenuto, come ad esempio: "non mangiare" "non devi mangiare" "devo/devi smettere di mangiare" "il cibo mi fa schifo" ecc. ecc.]

Abbiamo una serie di concetti subconsci che operano costantemente nella mente di chi è afflitto da questo disturbo e che può, a titolo esemplificativo, assumere queste forme:
- non devo diventare grassa
- devo esser magra
- sono troppo grassa
- sono una cicciona
- non piaccio a nessuno
- devo perdere 3 kg (o 4 o 5 o 6 ecc.)
- non mangiare che ingrassi
e così via......
Questi "comandi" mentali sono quasi sempre presenti nella psiche e "girano" costantemente. Diventano poi particolarmente attivi nel momento in cui la persona si mette di fronte al cibo.
Anche quindi in questo caso, ciò che va aggredita è la forza di questi comandi che premono sulla psiche con forza ed obbligano a tenere un comportamento

irrazionale e compulsivo, perfino se la persona si rende conto che la scelta di non mangiare è dannosa ed inutile. Operativamente la persona con questo problema dovrà mettersi di fronte alla tavola imbandita e cominciare ad ascoltarsi per trovare cosa sta pensando di sé e del suo aspetto, del cibo che ha di fronte...e trovato il contenuto, cominciare a ripeterlo, farlo affiorare ed avvertire tutto il disagio espresso da quel pensiero.....ripeterlo fino a quando non cominci a perdere di forza, a diventare sempre più insignificante, fino ad apparire noioso...quasi una filastrocca senza senso. A quel punto il concetto (ad esempio: sono troppo grassa) apparirà anch'esso insignificante e quindi non in grado di condizionare il comportamento come fino a pochi minuti prima.

L'altra faccia dell'anoressia è la bulimia. Questa è una conseguenza della prima e non una causa. La sottoalimentazione dovuta all'anoressia, provoca la bulimia. Considerando inoltre che chi entra in un circuito di pensieri anoressici è normalmente giovane e quindi ad elevato metabolismo, la mancanza di sostanze nutritive provoca a livello fisiologico una risposta violenta che si manifesta nella bulimia....

I comandi della bulimia sono anch'essi compulsivi ed imperiosi. Ed hanno la caratteristica di essere l'opposto di quelli inerenti il comando anoressico. Spinte da un organismo che reclama le risorse di cui ha bisogno e che la compulsione a non mangiare ha ingigantito, le persone che si trovano in questa situazione vogliono anzi debbono, cedere alla spinta della fame e si ingurgitano di tutto e a ritmi forsennati.

Sotto il profilo DSE questo è dato da una serie di comandi che premono dicendo cose come:
- mangia mangia
- buono questo, buono questo
- adesso mi ingozzo
- adesso mi vendico (frequente dialogo interiore con l'altra subpersonalità che "vieta" di alimentarsi
- adesso mi sfogo!

E così via....

La soluzione a questa coppia di disturbi va adottata insieme. Infatti sono due facce della stessa medaglia...o per meglio dire la bulimia è effetto della anoressia.

6.4 - Claustrofobia

La claustrofobia come è risaputo, è la paura, l'ansia che prende quando ci si trova in ambienti chiusi o angusti. E' una paura abbastanza comune, in quanto un ambiente chiuso e ristretto chiunque può avvertire un senso di costrizione e soffocamento.

Ma per certe persone, la sola idea di rimanere in un ambiente chiuso e ristretto, anche se solo per pochi secondi, scatena scariche di ansia violenta ed incontrollata.

Come per gli altri casi, ciò è determinato esclusivamente da alcuni processi di pensiero che si attivano al verificarsi della situazione e mandano alla mente e ala corpo i segnali violenti dell'attacco di ansia o addirittura di panico.

Anche in questo caso si dovrà cercare qual'è la frase che si è attivata e scaricarla. Molto intuitivamente le frasi saranno simili a queste.

- non posso uscire
- qui dentro soffoco
- non si può uscire
- mi manca il fiato
- sono in trappola
- morirò soffocato/a
- oddio svengo
- non posso scappare
- scappa via, non posso

e così via.....Ogni costruzione del pensiero che possa far pensare ad una costrizione fisica e ad una impossibilità di uscita, provocherà l'aumento dell'ansia fino anche alla crisi di panico.

Anche in questo caso la via d'uscita sarà legata alla individuazione della frase ansiogena e alla sua petulante e insistita ripetizione che accompagnerà lo scaricamento energetico dell'ansia portata dalla frase stessa.

6.5 - Agorafobia

In modo del tutto analogo alla claustrofobia opera l'agorafobia. E allo stesso modo si tratta. Le frasi che presiedono a questo disturbo sono legati alla paura di luoghi aperti e alle conseguenza di restare in un luogo ampio e con pochi punti di riferimento
Esempi:
- non so dove mi trovo
- adesso sto male
- adesso cado
- non riesco a stare in piedi
- mi sto perdendo
- mi sono perso/a
- devo tornare a casa
- c'è troppa gente
- sono in pericolo (vale anche per altre situazioni)
- dove sono?
- E se mi perdo?
- Aiuto ho paura (vale anche per altre situazioni)
- Sono solo/a qui fuori

In generale qualsiasi stato di paura associata a senso di disorientamento può provocare una agorafobia. Le cause per cui si instaura un'agorafobia possono sono molteplici, ma il contenuto verbale ed energetico delle frasi che la accompagnano sono le stesse. Ogni persona ha le sue, ma unitamente alla paura che è ovviamente costituente di ogni panico, vi è una componente che ha che fare con il luogo aperto, che nel suo profondo ogni persona conosce, ma che non di meno ha difficoltà a ri-conoscere. Lo sviluppo della fase di ascolto è pertanto fondamentale per imparare a "sentire" i dialoghi della mente e poi agganciarli correttamente.

6.6 - Dipendenze da gioco d'azzardo

Nelle dipendenze da gioco d'azzardo (il cd. demone del gioco) entrano in campo fattori puramente compulsivi e hanno ovviamente a che fare con elementi economici, competitivi, ansiosi, ed anche relazionali.

Le ragioni per cui una persona si appassiona al gioco possono essere diverse e spaziare dalla incapacità di vivere rapporti interpersonali (il rapporto con un meccanismo di gioco solitario spesso risponde a questa esigenza) , al desiderio di procurarsi denaro senza sforzo, alla ricerca di facile guadagno per uscire da una situazione di crisi.

Anche qui come per altre situazioni, accade che nella mente del giocatore si radicano pensieri che spingono di continuo al gioco. Quali possono essere? Eccone alcuni esempi:

- dài che vinco
- dài che ce la faccio
- stavolta esce
- mi sento fortunato
- non posso mollare ora
- devo recuperare
- se solo esce il.....
- sento che vinco
- deve cambiare
- ancora una e poi smetto
- posso rifarmi

e così via....questi comandi si reiterano nella mente e spingono alla giocata successiva...soprattutto il "devo recuperare" è pericoloso perché illude sulla possibilità di recuperare il denaro perso e si carica di ansia sempre maggiore....più la perdita aumenta più il comando si rafforza.

Anche in questo caso si dovrà agganciare il comando del momento e ripeterlo PRIMA di giocare nuovamente, al fine di depotenziarne la forza, al fine di ritornare su un livello di controllo dell'ansia sufficiente a staccarsi dal tavolo da gioco. L'attacco sistematico di tutti i comandi subcoscienti che forzano al gioco poi permetterà di liberarsi dei meccanismi automatici che riportano nell'attività.

6.7 - Dipendenze da sette

Questa è un'area molto ampia da trattare. La dipendenza da gruppi, gangs, aggregazioni politiche, bande, ed infine sette, è motivata da molteplici fattori e la soluzione va qui trovata caso per caso.

Nell'appartenenza ad un gruppo e nella difficoltà ad uscirne, giocano elementi endogeni ed esogeni. Ci sono motivazioni che hanno a che fare con la ricerca della sicurezza, della protezione, che l'appartenenza ad un gruppo conferisce, come anche motivazioni legate alla sensazione di essere speciali, di appartenere ad un elite, di essere al di sopra della mediocrità. Altre motivazioni afferiscono alla sensazione di essere dalla parte "giusta", soprattutto per quanto attiene le sette a sfondo mistico-religioso. In questi casi viene investita tutta la concezione della esistenza del trascendente, del divino. Quando si è all'interno di un gruppo con queste caratteristiche, le ragioni di appartenenza sono radicatissime: c'è l'accoglienza da parte degli altri membri, c'è una comune visione della vita, c'è l'idea di trovare la salvezza, la vita eterna, e spesso c'è anche il lavoro e il sostentamento se si tratta di una comunità. Insomma una completa vita alternativa....

Analogamente le gangs, le organizzazioni criminali, sono delle proposte alternativa di società, in grado di assicurare potere, prestigio all'interno, denaro in grandi quantità, carriera, e tutto pressoché garantito.

Sotto il profilo della DSE, quindi le cose, i concetti che possano portare a stare dentro un'organizzazione chiusa sono molto diversificate.

Nel caso quindi si voglia portare al di fuori di una setta o comunque un gruppo chiuso una persona che ne sia stata fortemente legata, il lavoro da fare è notevole. Occorrerà dapprima operare sulle motivazioni che mantengono la persona all'interno e successivamente sulle paure che possano impedire alla stessa ad uscirne. Sulle prime, se sono condivise ancora dalla persona, non sarà possibile applicare la DSE, perché richiede comunque la cooperazione attiva da parte della persona. Ma, una volta risolta l'aspetto motivazionale, attraverso l'illustrazione dei processi manipolativi che all'interno del gruppo si verificano, si potrà poi far emergere quello che di norma è il vero vincolo ad uscire: la paura.

La paura è si concretizza in questi casi nel terrore di poter non riuscire più a vivere senza il supporto della setta, di non avere più punti di riferimento, oppure nella vera e propria paura di rappresaglie da parte del gruppo (come sempre nel caso dei gruppi criminali, ma spesso anche per i gruppi religiosi ristretti). O ancora nell'incapacità di abbandonare persone a cui ci si è legati e di cui sembra non poter fare a meno.

Sotto il profilo DSE tali paure assumeranno forme simili a queste:

- non posso andarmene
- se me ne vado finirò male
- mi uccideranno
- non posso abbandonarli
- e poi cosa faccio?
- non posso aver sbagliato così
- non può essere vero
- ho pauraaaa
- rimarrò solo
- sarò maledetto da Dio
- è peccato mortale!
- come farò a vivere?
- non è vero quello che mi dicono

e così via.

6.8 - Ipocondria

L'ipocondria viene definita come: "preoccupazione eccessiva e infondata di una persona riguardo alla propria salute". E' quell'atteggiamento che fa percepire rischi per la salute in ogni più piccolo sintomo o disturbo che si possa avvertite. La persona ipocondriaca è costantemente in ansia e convinta che stia per contrarre gravissime malattie che lo porteranno sicuramente alla morte o a gravissime invalidità.

Questo approccio alla vita e alla salute, che non va considerato come una malattia ma solo come una specifica ansia, come ce ne sono tante altre, è anch'essa originata da CMS che si sono stabilmente insediate nel subconscio della persona e da lì la tengono in perpetuo stato d'ansia e di preoccupazione.

Sono di fatto, come le compulsioni a fumare, a mangiare troppo, a giocare d'azzardo, delle semplici idee fisse....convinzioni, che operano continuamente nel subconscio. I comportamenti ipocondriaci sono ovviamente legati a pensieri che hanno a che fare con la salute e le malattie. A titolo di esempio:

- "ho qualcosa di grave"
- "sicuramente è cancro"
- "sto per avere un infarto"
- "morirò giovane"
- "ho tutti i sintomi di....."
- "diventerò pazzo"
- "è una cosa ereditaria"
- "devo fare gli esami"
- "ho qualcosa che non va..."
- "sono fragile di salute"

Ed altre varianti. Come negli altri casi, il modo in cui si declina la propria paura relativamente alla salute, è spiccatamente personale ed ogni persona deve trovare il "suo" modo di esprimerla e sentirla. Le ragioni per cui una persona sviluppa una reattività ipocondriaca sono le più diverse, ma quello che conta è che tali circuiti si installano nella mente ed operano. Smantellare queste convinzioni negative, aiuta la persona a prendere coscienza della natura assolutamente mentale di queste paure, spessissimo non supportate dagli esami e dai controlli, e ad abbandonare tali comportamenti emotivi.

6.9 - Invidia

Cos'è l'invidia? L'invidia è prima di tutto un raffronto tra una situazione ed un'altra. Questo è il pre-requisito di base. Poi abbiamo un desiderio che è il desiderio che una persona, oggetto dell'invidia, sia in una situazione differente da quella che è o che la persona che "invidia" sia allo stesso livello di quella invidiata.

L'invidia è quindi un desiderio di avere una situazione migliore di quella che si pensa di avere oppure che la persona che ha una situazione "migliore" abbia la stessa situazione (percepita) che ha la persona che "invidia".

Detto in parole semplici, la persona invidiosa vorrebbe che anche gli altri fossero nella sua condizione o che lei fosse nella condizione degli altri.

Alla radice dell'invidia, sentimento molto criticato, ci sta in effetti una richiesta di eguaglianza, unita ad una non accettazione della disuguaglianza. Si noti che è del tutto secondario che le disuguaglianze siano davvero presenti e che la/le persona/e invidiata/e siano davvero in una situazione migliore. Come sempre ciò che conta è la percezione soggettiva delle cose.

Cosa penserà una persona invidiosa? Come costruirà il suo sentimento di invidia?

Fondamentalmente abbiamo una istanza del tipo " perché lui/lei sì ed io no?" oppure un concetto "anch'io come lui/lei" oppure nel caso si voglia che la persona scenda al livello della persona invidiosa, avremo " anche lui/lei come me" " vorrei vederlo/la al mio posto!" o ancora..."è stato solo fortunato/a" "gli è andato sempre tutto bene" e così via....

Alla base, come in tanti altri casi, c'è sempre un rifiuto della propria situazione e realtà. C'è anche un sospetto subconscio che la propria situazione sia colpa propria e questo scatena una reazione avversa che nega questa istanza che preme per essere riconosciuta....L'insoddisfazione che ne scaturisce cerca una causa che sia esterna e che eviti di colpevolizzarsi.
Esempio di schema di CMS:

1- " ho una vita schifosa"
2- "non ho combinato niente di buono"
3- " la colpa è solo mia, lui è riuscito...."
4- " avrei voluto vedere lui al mio posto"
5- "è stato solo fortunato"

Tutte queste sono CMS, che riflettono uno schema...Si parte da una considerazione negativa sul proprio esistere a cui può seguire l'idea che tutta la vita vissuta sia stata un fallimento. A questo segue logicamente la colpevolizzazione che viene rafforzata dal paragone con altre vite. L'insoddisfazione che ne deriva unita alla colpevolizzazione induce uno stato di sofferenza intensa che deve essere anestetizzato in qualche modo. Chiamare in causa la sfortuna è ovviamente un modo di de-responsabilizzarsi della situazione. Ma al tempo stesso pur lenendo il dolore, introduce un altro elemento di sofferenza: gli altri sono stati più fortunati, non hanno dovuto soffrire come l'invidioso che poco ha potuto fare contro il destino avverso.

Tutto questo schema, peraltro molto comune, è frutto di un errore di base. L'idea che per vivere si debbano fare certe cose ed ottenere certi risultati. Possono essere i più diversificati. Dall'idea di avere successo negli affari a quella di farsi una famiglia "felice", a quella di essere una persona di fascino e fisicamente prestante o attraente., a quella di essere i primi nello studio, i più abili in un certo sport o altro ancora. Quanto più questi obiettivi sono considerati indispensabili da raggiungere, tanto più il loro mancato raggiungimento è fonte di grande frustrazione che si realizza attraverso la creazione di pensieri subconsci (CMS) come quelli visti sopra. Prendere coscienza di questi meccanismi pur non essendo sufficiente a liberarsene a livello mentale, aiuta però moltissimo ad identificare le CMS che sottostanno ed alimentano la sofferenza. Come negli altri casi, una volta identificate le CMS sarà relativamente semplice aggredirle e renderle inoffensive.

6.10 - Gelosia

La gelosia è un sentimento che ha a che fare essenzialmente con l'idea del possesso. Non si può essere gelosi se non si vuole "possedere" il controllo dell'altro. La ragione per cui si è gelosi è che la persona o le persone che si vogliono possedere, sono considerate fondamentali per l'esistenza e il fatto di poterle "perdere" comporta la convinzione che la qualità della vita scenderebbe ad un livello insopportabilmente basso, inaccettabile.

Vi è anche un'altra componente nella gelosia e cioè che la scelta di preferire altre persone a sé è vista come un'umiliazione grave, un'attestazione di scarso valore di sé.

Le conseguenze della gelosia sono spesso gravi e talvolta tragiche. Gran parte degli omicidi di donne in fase di separazione e divorzio hanno questa base di motivazioni...perdita di possesso ed umiliazione.

Ma come è possibile che cose tutto sommato lievi rispetto ad altri casi della vita come vendette per omicidi, attività criminali, interessi economici rilevanti come nel caso delle organizzazioni criminali, possano portare a conseguenze così gravi?

Il punto è che ciò che può portare a fare atti inconsulti e fuori controllo, non è tanto la gravità della cosa accaduta, ma ha a che fare con l'intensità della reazione alla cosa.

In termini di DSE, ciò che conta è l'intensità emozionale delle CMS e non ciò che esse dicono.

Nel caso della gelosia, analogamente a tutti gli altri ambiti, abbiamo "frasi" che sono in effetti convinzioni, che "dicono" cose categoriche e quanto più queste "cose" sono cariche emozionalmente e tanto più potranno provocare reazioni fuori controllo.

Le frasi della gelosia sono tipicamente di questo tenore:
- tu sei mia/mio
- tu devi fare quello che dico io
- non mi poi lasciare
- non mi puoi portare via i figli
- questo non lo puoi fare (lasciarmi)
- non posso vivere senza di te
- non ti lascio andare
- se mi lasci ti uccido
- o con me o con nessuno

Le frasi possono essere diverse ed alcune possono essere particolarmente pericolose...in particolare concetti subconsci come " non posso vivere senza di te" unite a tendenze aggressive come " se mi lasci ti uccido" come anche "non mi puoi portare via i figli" possono creare un cocktail emotivo molto pericoloso, in grado di fare perdere completamente il controllo di sé.

In DSE queste emozioni devono essere portate alla coscienza e trattate con cura per disinnescarne la potenza emotiva.....

Ovviamente in via preventiva e più squisitamente esistenziale, il considerare irrinunciabile una certa situazione acquisita è sempre un potenziale pericolo per l'equilibrio personale. La caduta di quelli che sono considerati i capisaldi della propria esistenza può portare alla più completa instabilità.

Capitolo VII° - La DSE e la ricerca della felicità

7.1 - DSE e la ricerca delle felicità

Abbiamo visto finora come funziona la tecnica della DSE e come si creano e trattano le varie CMS. Come già la definizione indica, le CMS sono subconsce, cioè non chiaramente percepite dalla persona che ne avverte sì i disturbi derivanti dalla loro attività, ma come visto per la tecnica dell'ascolto, è richiesta la capacità di individuarle.

Oltre però alle CMS vi sono altri tipi di carica che hanno la pregevole caratteristica di essere consce.

Le cariche consce che vengono definite in DSE, CMC (cariche mentali consce) sono tutte quelle idee che pur non rappresentando una pulsione subconscia, hanno la caratteristica di essere una carica, cioè di porre in tensione la persona e di allontanarla da uno stato di calma interiore.

Per fare un esempio, una persona può essere completamente dominata dall'idea di diventare il numero uno nella sua azienda. Questo in sé non ci dice granché delle sue CMS e CMC. Potrebbe trattarsi di una persona che non si sente di valore se non arriva ai vertici ed è mosso quindi da una nevrosi che ha origine nell'inconscio ed è quindi una CMS, ma potrebbe anche darsi che la persona sia una persona che sceglie razionalmente di puntare tutta la sua energia ed intelligenza nel raggiungimento di questo obiettivo perché vuole guadagnare tanti soldi e vivere nell'agio e nel lusso, oppure perché vuole essere il numero uno perché ha delle idee sull'azienda che potrebbe realizzare solo come numero uno.

Queste motivazioni possono essere definite, in assenza di CMS sottostanti, come appunto CMC, cioè cariche mentali consce. Perché dovremmo quindi occuparcene? Se tali figure sono fatte in questo modo, e non soffrono, ma anzi sono felici, soddisfatte, equilibrate, dov'è il problema?

Come ogni cosa che indaghi il pensiero dell'uomo, anche la DSE, partendo dalla più visibili aree di sofferenza della psiche, può, una volta risolti i principali nuclei di dolore dell'esistenza, essere vista come strumento per ottenere stati di coscienza più elevati del semplice equilibrio.

Non c'è infatti il solo equilibrio e la sola tranquillità negli stati di coscienza, ma c'è anche la gioia, la felicità, l'entusiasmo...ed anche gli stati mistici così tanto descritti nelle religioni occidentali ed orientali.

Per accedere anche solo superficialmente a quest'area di indagine, che possiamo definire DSE Spirituale occorre inquadrare il concetto di felicità.

Cosa è la felicità? Da un punto di vista strettamente psicologico come può essere definita? Notiamo come quando si entra nel tentativo di esplicare attraverso il linguaggio gli stadi più alti di coscienza, sembrano manchino le parole. Tutti infatti, chi meglio chi un po' meno bene, siamo in grado di definire gli stati negativi. Rabbia, ansia, panico, angoscia, depressione...sono tutti stati d'animo che conosciamo e sappiamo anche spiegare.
Ma se cerchiamo di spiegare cosa sia la gioia, la felicità, siamo in difficoltà. Questo accade principalmente perché la gioia e la felicità sono poco praticate dal genere umano, e quindi poco conosciute.
C'è però qualcosa che possiamo fare....ed è ragionare per sottrazione, partendo dal concetto di dolore.

Da cosa è determinato il dolore? Come funziona?

Nello sviluppare la DSE è emerso con chiarezza che il dolore è causato sempre da un desiderio. Il desiderio può essere strutturato come qualcosa che si desideri avvenga, o come qualcosa che si desideri NON avvenga. L'intensità con cui si desidera una cosa e il fatto che questa non si realizzi o l'intensità con cui si desidera che non si verifichi una cosa e il fatto che poi invece si verifichi, determina l'intensità del dolore.
Se ad esempio abbiamo il desiderio di guarire da una seria malattia e non guariamo, questo ci provocherà dolore. Allo stesso modo se desideriamo non ammalarci

di una certa malattia ed invece ciò accade, questo parimenti ci provoca dolore.

Il dolore è più forte quanto più il desiderio è forte e non viene soddisfatto. Tanto più non vogliamo una cosa, ed essa accade, tanto più dolore avremo. Tanto più vogliamo che una cosa accada ed essa non accade, tanto più avremo dolore.

Se invece pensiamo a qualcosa che provoca felicità, istintivamente potremmo ritenere che avere un desiderio che si realizza, in senso negativo o positivo, produce la gioia e la felicità e così sembrerebbe che, almeno sotto l'aspetto definitorio, il problema sia risolto.

Ma è proprio così?

E' pur vero che raggiungere un obiettivo tanto agognato e desiderato da' una forte euforia che chiamiamo gioia o felicità, come anche scampare ad un evento molto temuto ed osteggiato. Ma è proprio questa la felicità?

La felicità prima di tutto dovrebbe essere uno stato d'animo sufficientemente stabile, costante. L'euforia derivante dal raggiungimento di un obiettivo lo è?

In realtà no.

E' pur vero che il raggiungimento di un obiettivo provoca o può provocare un cambiamento di stato generale in una persona, soprattutto se tale obiettivo rappresenta molto in termini di realizzazione personale, come un matrimonio, un lavoro desiderato, una guarigione ottenuta...ma di norma, passata la prima fase di euforia, il sentimento rientra e lascia lo spazio vuoto per l'inserimento di nuovi obiettivi che devono essere raggiunti.....e la tensione ricomincia....

In verità la gioia che si sperimenta al raggiungimento di un desiderio ha due componenti: una legata all'euforia del raggiungimento (quel "ce l'ho fatta" che ti urla dentro) e l'altra dal SOLLIEVO che il raggiungimento comporta. Infatti con il raggiungimento si ha la caduta di tensione, di ansia, di preoccupazione che l'incertezza circa il raggiungimento dell'obiettivo comportava. Questa è la componente più interessante della riduzione del dolore: la cessazione dell'ansia, ansia dovuta all'ipotesi, che il risultato non venga raggiunto.

Lo stato di sollievo e rilassamento che si sperimenta è dovuto quindi alla mancanza del desiderio, sia esso negativo o positivo. La mente si "concede" l'idea che "ora le cose sono a posto" ed in effetti rappresenta il momento in cui si entra in accordo con ciò che c'è "fuori" dalla mente. La mente cioè accetta la realtà con gioia, in questo caso perché la condivide.

Ma questo meccanismo della gioia è sempre presente. La gioia è sempre dovuta a un pensare che le cose vanno bene così. La stragrande maggioranza delle persone è convinta che questa cosa si possa dire solo se accadono una serie di cose che........... si desiderano. Ma questa è appunto solo un'idea che ci imponiamo di avere. E se mettiamo un numero spropositato di desideri nella nostra mente, avremo quasi certamente una vita molto infelice.

La cosa che sfugge ai più è che la felicità è data dallo stato di quiete e positività della mente. La maggior parte pensa che sia data dal raggiungere delle cose. E' invece lo stato di sollievo dovuto alla caduta di tensione dovuta al desiderio ciò che provoca la felicità dopo un desiderio appagato. La mente si pone in uno stato di considerazione della realtà come "positiva" indipendentemente da cosa questo significhi nello specifico e da ciò ne scaturisce contentezza ed anche felicità.

La riprova di questo è data da ciò che accade quando si scampa un grosso pericolo; può essere una malattia guarita o un incidente grave evitato per un soffio o in generale un grave rischio che non si è poi tradotto in evento negativo. Facciamoci un attimo mente locale....Dopo lo scampato pericolo, chi ci è passato sperimenta una grande gioia. Eppure la situazione è esattamente la medesima di prima del rischio corso, della malattia, dell'incidente evitato per un soffio. Ma prima non si era "felici". Lo stato non è cambiato. E quindi cosa è successo? "Fuori" nella vita reale non è successo nulla, ma è successo qualcosa di molto grosso dentro la mente. E' cioè avvenuto che una cosa che NON si voleva ASSOLUTAMENTE (desiderio "negativo") NON si è verificato....e cioè il desiderio si è avverato.....ma tale "desiderio" era già realizzato prima che si corresse il rischio...eppure non dava alcuna felicità. La differenza è data solo dalla caduta di tensione, dalla cancellazione della paura che l'evento si potesse verificare. E' quindi la cancellazione della paura che provoca il sollievo della mente e questo sollievo, avvicina la felicità. Ma se questo meccanismo corrisponde a verità, allora potrebbe essere sufficiente eliminare la paura dentro di sé per essere felici, no?

Tutti noi siamo assolutamente convinti che la nostra ricerca di "miglioramento" della qualità della vita sia perfettamente logica e sensata. Il pensiero di fondo è: meno problemi ho e più sono felice. Avere un bella casa, vuol dire avere agi, comodità e quindi meno sofferenza. Doppi bagni, piscina, giardino , tante stanze, cucine grandi con tutti i comfort, sono tutte cose per soffrire meno. E' a questo che servono le lavatrici, le lavastoviglie, i forni a microonde, le auto grandi e potenti, i tripli box, le vacanze....rendere tutto più piacevole e comodo.
Ma la disponibilità di comfort e denaro non comporta automaticamente la felicità, lo sappiamo bene. Perché? Perché la felicità è uno stato mentale e non ha molto a che fare con le condizioni di vita esteriori, quanto piuttosto con la propria vita interiore.
E' all'interno della nostra mente che stabiliamo se essere felici o meno, se esserlo a prescindere da ciò che ci accade, a prescindere dai rovesci o dalle fortune della vita. Se questo non fosse vero, avremmo allora una certa uniformità di stati d'animo...nelle persone più benestanti e in salute maggiore felicità e nelle persone con problemi di salute ed economici, più sofferenza.
Questo, a grandi linee, può essere vero ma non è SEMPRE vero, anzi lo è raramente. Molti problemi psicologici sembrano trovare terreno fertile là dove c'è maggiore agiatezza e maggiori possibilità. Perché? Perché proprio là dove i bisogni principali ed anche quelli secondari sono stati soddisfatti, viene a percepirsi maggiormente la mancanza di pienezza interiore che

appare normalmente riempita nella tensione di appagamento dei desideri...Quando invece impellenti problemi di sopravvivenza come il lavoro precario o perso, la salute traballante o una generale insufficienza di mezzi hanno la predominanza, appare secondario chiedersi cosa sia la felicità...troppe sono le cose da fare per poter andare avanti...

Chi ha superato questi problemi e si è messo apparentemente al riparo dai rischi dell'esistenza, ed arriva a rendersi conto che nulla di materiale in più potrà migliorare la sua esistenza, giunge alla percezione della insufficienza di questo avere.....e la insoddisfazione, il senso di vuoto appare come ineludibile, inevitabile.

7.2 - La felicità e la ricerca di uno "scopo"

Ciò è dovuto al fatto che la felicità non risiede nel soddisfacimento dei desideri, per quanto sofisticati e sostanzialmente inutili. La felicità è data da una mente ed un cuore in pace, che non solo non ricerchino altre "cose" che potrebbero in teoria desiderare, ma che riescono a stare in equilibrio anche se non hanno un obiettivo da raggiungere.

Una delle cause della insoddisfazione esistenziale è quel "bisogno" che appunto indica una mancanza, che non appaga la mente e il cuore se non c'è qualche obiettivo da raggiungere. La mancanza di scopo è una delle cause più radicate della depressione.

Ma anche questo è un inganno della mente. Ci si convince cioè che senza uno scopo non si possa vivere.....ma questa "idea" che non si possa vivere senza uno scopo, è appunto un'idea, che può tranquillamente essere rimossa. Il fatto di non riuscire a farlo, il fatto di non riuscire a vivere senza uno scopo è appunto un'idea o per meglio dirla in linguaggio DSE, è una CMS che dice "senza scopo la vita non ha senso".

La cosa è facilmente dimostrabile osservando i bambini. Essi non hanno uno "scopo", questo anzi viene inculcato nel tempo dalla società e dai genitori. Al bambino se gli si chiede cosa vuoi fare egli quasi sempre risponderà: giocare. Ma il gioco non è uno scopo, è una fantasia della mente, non vuole "arrivare" da nessuna parte, me è fine a se stesso. Il gioco è ricercato per il divertimento che da' e non per lo scopo da raggiungere. Il bambino è quasi naturalmente connesso con l'aspirazione alla felicità, e persegue solo ciò che lo fa divertire ed essere felice, e poiché è ancora molto libero mentalmente, si diverte con molte cose differenti, dal giocare con le biglie ad andare in bici, a giocare a calcio o a stare con gli amici e le amiche. Lo "scopo" del bambino anche se non ne è cosciente, è essere felice. Ovviamente anche il bambino ha i suoi limiti. E' pur sempre umano e pur non essendone cosciente, sottomette la sua felicità al fare una serie di cose e all'avere persone che lo amano intorno a sé. Questo limite è invece superabile da chi, da adulto, ricerca uno stato esistenziale via via più indipendente dai fatti della vita, da ciò che gli accade. E questa è la vera via della felicità: poggiare il proprio bene-essere su......nulla. Meno cose sono necessarie per "stare bene" e più questo stare bene sarà inattaccabile. Viceversa più cose sono "necessarie" per "stare bene" e più queste cose avranno potere su di noi, schiavizzandoci.

Questa è la ragione per cui il martire è considerato santo spesso e volentieri. Perché la capacità di rinunciare alla più grande ed importante cosa che abbiamo, la vita, è indice di una capacità di libertà massima. Come si sa è incorruttibile un uomo che non ha paura di perdere la propria vita, perché togliere la vita è il massimo danno che può essere fatto.

Allo stesso modo, imparare a vivere bene ed essere felici a prescindere da uno "scopo" o da qualsiasi altro desiderio possa esser concepito, fa della persona una persona molto poco condizionabile e quindi poco controllabile. Di più. Si possono avere scopi che possano essere anche preclusi e formularne di nuovi, senza per questo soffrirne a livello personale. La capacità di essere flessibili a nuove situazioni e nuovi ambienti fa della persona un essere libero. Reinventarsi priorità ed obiettivi senza provare dolore per i desideri e i progetti abbandonati, indica uno spirito libero.

Sotto il profilo della DSE, la definizione di uno scopo non è esiziale. E' invece esiziale la reazione che si ha di fronte ad una mancanza di scopo.

L'aver bisogno di uno scopo per stare "bene" è appunto un bisogno. E' la necessità di avere movimento, tensione verso qualcosa.

Ma in effetti si può stare bene anche senza un "bisogno". E' ciò che accade ad esempio nei periodi di vacanza, per chi sa "staccare" davvero. Le vacanze sono così apprezzate perché le preoccupazioni principali della vita possono esser messe da parte per qualche settimana. E quindi la mente si mette a riposo....si dimenticano orari e obblighi, si impara di più ad osservare e contemplare...I luoghi che si visitano sono più belli perché li si guarda con calma, rilassati, e si colgono meglio le cose.

La felicità non è data da ciò che si ha né da ciò che si fa, ma dallo stato di quiete della mente. La mente rilassata, calma, osservatrice, tranquilla, da' una sensazione di pienezza che nessun obiettivo, risultato, avere, soddisfazione, può avvicinare assolutamente.

La DSE, grazie alla sua capacità tecnica intrinseca di togliere forza potenzialmente a qualsiasi pensiero compulsivo ed obbligatorio, può essere d'aiuto per la liberazione da processi di pensiero che tengano costantemente in tensione la mente.

Oltre alla Cariche Mentali Subconsce che sono le più difficili da individuare e che sono state trattate nel capitolo VI°, vi sono anche molteplici CMC (Cariche Mentali Consce) che sono rappresentate da quelle pulsioni, obiettivi, scopi, a cui diamo moltissima importanza e che sono in grado di renderci ansiosi per il loro raggiungimento, frustrati per il loro non raggiungimento, irritati per gli ostacoli che si frappongono...e così via.

Sotto questo profilo la DSE, come tecnica, riconferma la sua assonanza e somiglianza con l'approccio buddista nella ricerca della pace interiore e della serenità.

Partendo dall'assunto che l'insoddisfazione sia causata dal differenziale tra ciò che si vuole e ciò che invece si ritiene di avere, la progressiva cancellazione di questo differenziale nelle varie aree di vita della persona, porta ad un livello sempre maggiore di serenità e contentezza.

7.3 - Le convinzioni autolimitanti

Nei nostri processi di pensiero assumiamo moltissimi concetti che operano di fatto come auto-limitanti e auto-invalidanti.
Vi sono primariamente quei processi subconsci visti nel capitolo dedicato alle CMS, ma anche molte altre convinzioni che diamo per scontate, e che ci portano a ridurre di molto le nostre capacità in molti campi.

Vediamo come agiscono.

Abbiamo innanzitutto le convinzioni negative impostaci dall'educazione e dal sistema scolastico. Ognuno di noi nelle prime fasi della propria vita manifesta una maggiore propensione verso alcune attività a discapito di altre. Questo può avvenire perché semplicemente sono più attrattive di altre in QUELLA fase o anche perché le circostanze possono avere fatto orientare l'attenzione verso una cosa piuttosto che un'altra.
Così può avvenire che il bambino o il ragazzo manifesti maggior interesse per certi sport invece che per altri oppure nello studio palesi più capacità in un senso invece che in un altro.
Le ragioni possono essere molto varie, ma ciò che è qui importante sottolineare è che tali "preferenze" vengono colte dal mondo degli adulti che tendono ad assumerle come dati di base *strutturali* delle personalità di queste giovani vite e da quel momento tendono, anche in perfetta buona fede, a cercare di valorizzarle, spingerle, esaltarle a scapito magari di altre.
A volte un elemento basilare di questa "manipolazione" è anche dato dall'aspirazione egocentrica del genitore a voler vedere eccellere il proprio figlio, quale sia il campo che venga scelto.

Incoraggiare a coltivare le proprie predilezioni non è cosa sbagliata, sicuramente, ma negli anni di formazione della mente i giovanissimi dovrebbero essere incoraggiati ad esplorare tutti i campi del sapere e del fare, ed essere supportati là dove possano essere presenti carenze o apparenza di carenze.

Altra categoria fondamentale che agisce pesantemente nella psiche e nelle capacità dei bambini e dei giovanissimi è data dai comportamenti degli educatori e degli insegnanti che possono fare danni gravissimi se non adeguatamente formati professionalmente.

Può così avvenire, a titolo di esempio, che un certo sport venga poco praticato o insegnato, o perché non piace al genitore o perché le caratteristiche fisiche non sembrano le più adatte per eccellere. Va invece ricordato che nei primi anni di vita quello che dovrebbe contare non è la capacità di eccellere, quanto quella di fare, di rendersi flessibili ed adatti ad affrontare difficoltà fisiche e tecniche differenti.

Allo stesso modo può avvenire ed avviene che nel sistema scolastico vengano premiati e catalogati i talenti più spiccati e trascurata la necessaria cura da dare ad altri ambiti.

Ad esempio le difficoltà ad esprimersi con scioltezza viene etichettata come " bambino poco portato alle materie umanistiche", o similmente difficoltà nella padronanza dei numeri e dei concetti aritmetici viene anch'essa etichettata negativamente.

A prescindere da ciò che il bambino/ragazzo potrebbe davvero saper fare, il mondo degli adulti, soprattutto quello di riferimento educativo e di potere, rappresenta per la persona in crescita, una fonte di verità e legittimazione ben poco discutibile. Accade allora che "giudizi" espressi sulle proprie capacità da parte di queste figure, sia per il giovanissimo molto più che un parere discutibile; sia una sentenza di verità.

Ecco che tutti questi input che cominciano a definire arbitrariamente una struttura della personalità e delle capacità del giovanissimo, cominciano a lavorare a livello subconscio, facendo prendere certe strade invece di altre e soprattutto facendo *abbandonare* vie che potrebbero portare molto frutto.

Quello che accade nella mente è che certi "giudizi" si sono sedimentati e "convincono" ad andare verso certe scelte invece di altre.

Se ad esempio è stato dato un giudizio di scarsa propensione alle materie scientifico-matematiche, lo studente di fronte ad un concetto/compito/problema, attiverà immediatamente ed inconsciamente il pensiero-comando che " è troppo difficile per me" oppure "io faccio fatica" e, per il suo stesso "ragionare" su questo concetto, la sua mente ridurrà la concentrazione e l'attenzione su ciò che ha di fronte, riducendo di fatto le sue elevate capacità...subentrerà poi molto velocemente lo scoramento che gli dirà "non ci riesco, sono poco intelligente" e simili considerazioni fanno realizzare alla mente una profezia auto-avverantesi. La mente, troppo pre-occupata della valutazione di se stessa, non riuscirà a concentrarsi e a svolgere il compito.

Allo stesso modo la convinzione di non essere, per esempio, "bravi a nuotare" potrà invalidare tutti gli sforzi fatti in piscina per acquisire maggiore acquaticità, condizione necessaria per poter ottenere vistosi miglioramenti.

La stessa cosa vale ovviamente per molteplici campi della vita e del comportamento.

Queste sono tutte situazioni che sviluppano condizioni mentali "autoinvalidanti".

Via via che si cresce e che si rimane a contatto con il mondo, le esperienze che si vivono fanno sviluppare un albero della personalità che lungi da essere qualcosa di autentico, è in realtà la somma stratificata di sì e no, successi e sconfitte che la persona ha sperimentato nella sua vita. Questo orienterà le scelte, le preferenze, le idiosincrasie, le attrazioni e le repulsioni....creando un *funzionamento* della mente molto prevedibile e tendenzialmente rigido. La persona, lungi da rendersi conto della natura compulsiva dei suoi processi di pensiero, riterrà di avere una ben definita personalità che si è scelto e su cui ha il controllo e a cui dà il proprio consenso.

Questa struttura della personalità, come per ogni cosa che alberghi nella mente, può essere modificata e ristrutturata. Ecco che grazie alla DSE sarà possibile andare a riprendere quelle "convinzioni" negative sulla propria persona e sulle proprie capacità, magari già sedimentate da anni ed anni, ed andare a riprenderle criticamente e modificarne la loro forza attraverso la tecnica ripetitiva. Si potrà così andare a modificare la convinzione di non essere in grado di fare certe cose che si sono pensate sempre troppo difficili.

Capacità o attitudini che sembravano precluse si possono riscoprire, riprendere e ripristinare.

7.4 - Le CMS di bene e male

Queste sono le CMS "madri" di moltissime CMS secondarie. I concetti archetipi di "Bene" e "Male" sono i concetti originanti del dualismo mentale, della logica del sì e no. Innumerevoli sono i processi di pensiero che alla base hanno una segmentazione in pensieri "positivi" e "negativi", non secondo una concezione universale ma secondo una percezione soggettiva.

Nei nostri processi di pensiero collochiamo centinaia e centinaia di concetti nella casella "bene" o "male" e da ciò facciamo seguire la preferenza e l'avversione.

Da questa categorizzazione nasce poi l'attrazione e la repulsione. Da attrazione e repulsione nasce poi il dolore per ciò che ci capita e che non vogliamo e per ciò che non ci capita e che viceversa desideriamo.

Queste CMS hanno la caratteristica di essere incentrate sul concetto di "giusto" ed "ingiusto".

Occorre sempre distinguere tra il valore semantico di un concetto e il suo attaccamento cioè l'energia in esso contenuta.

Se ad esempio assistiamo ad una strage di un terrorista, sicuramente lo consideriamo "ingiusto" Ben poche persone possono considerarlo "giusto" no? Ma quello che è differente da persona a persona è la reazione emotiva che scaturisce dal fatto conosciuto.

Bene, la reazione emotiva al fatto è ovviamente negativa, no? Nasce rabbia, sconvolgimento, disgusto per chi ha fatto l'attentato...ma la domanda da porsi è: si sta meglio dopo che si è saputo della cosa o si stava meglio prima? Lo stato interiore è migliorato o peggiorato?
Quindi la repulsione per un fatto "ingiusto" fa soffrire. Questo è il risultato della repulsione. E specularmente avviene per le cose che si desiderano ma che non avvengono o non si verificano.
Si può invece scindere la valutazione sul fatto, dalla reazione ad esso. Si può essere assolutamente contrari a cose ingiuste ma non avere reazioni emotive distruttive, che peraltro non portano alcun vero vantaggio.
Ma queste reazioni sono automatiche quando entrano in gioco i concetti di giusto e sbagliato...Le nostre reazioni si fanno più intense di fronte alle "ingiustizie" e più gravi sono e più reagiamo... E sono reazioni con un elevato livello di automaticità.
La DSE anche in questo caso può aiutare perché la tecnica della ripetizione ci permette di "depotenziare" la risposta *emotiva* collegata al verificarsi di certe cose "ingiuste" e quindi di mantenere un maggior controllo ed equilibrio e quindi un maggior benessere.
Occorre tenere presente che praticamente ogni fastidio, insofferenza, fatica, dolore mentale è dovuto a ciò che è *differente da come lo vorremmo*. E i concetti, i nostri concetti di bene e male in questo "gioco" della mente la fanno da padrone.
Il pratica gran parte delle preferenze o delle avversioni che abbiamo sono dovute alle idee di bene e male, giusto e sbagliato che abbiamo a monte. E quindi gran parte delle sofferenze che ci procuriamo nella vita, dipendono da queste concettualizzazioni che abbiamo a monte.

Capitolo VIII° - Testimonianze nell'uso della DSE

Qui pubblichiamo alcune testimonianze sull'uso della DSE. Le testimonianze sono coperte da nomi di fantasia ma sono rigorosamente vere e riguardano il periodo agosto 2011 – dicembre 2012. Le persone che qui raccontano le loro esperienze hanno frequentato il gruppo in Facebook da me gestito. La grande maggioranza di queste esperienze e di questi risultati sono derivanti da applicazioni del metodo fatte dai partecipanti in autonomia, seppure dietro i miei consigli ed indicazioni.

Tina

Io sto provando....mi vengono fuori mille frasi...non trovo quella giusta...troppa sporcizia da cestinare!!!!!

Bianca

Secondo me abbastanza bene mi sento più serena... quando la mia mente mi comunica un disagio attacco con le litanie.....nn dico che sto benissimo...ma meglio si...ci vorrà più tempo come tutte le cose..

Bianca

Buongiorno e felice domenica amici!!! Vado avanti,funziona..!!!

Marinella

non è difficile....però a volte hai ansia e non sai davvero quale pensiero associare! Comunque continuerò ad applicarmi! Grazie! Siete tutti cari!

Marinella

Stamattina ho applicato la DSE..ho iniziato con una frase e alla fine ne ripetevo 5 contemporaneamente..risultato? mi sono sentita molto ma molto meglio!!!

Antonella

L'applicazione della DSE mi riesce sempre meglio...adesso non potrei più farne a meno questo è un consiglio che do' a tutti...provare...provare e impadronirsi della tecnica...ci si sente molto meglio dopo, lo sto constatando su di me ..grazie Elitheo

Elena

Quando riesci nel momento della rabbia o del disagio o dello sconforto a "catturare" la CMS (carica mentale subconscia) giusta ......e la ripeti a voce alta o mentalmente ...fino alla noia...fino alla perdita completa del suo interesse (scarica cms) ....hai applicato la DSE e questo ti permette di "pulire" la tua mente dalle scorie.....che sono proprio le cms...pensieri che non ci appartengono ma sono solo nella nostra mente e ci influenzano negativamente il vivere bene......questa tecnica è come sfogliare una cipolla....eliminando le cms (le foglie esterne della cipolla) si arriva ad avere il nucleo ...la nostra anima...il "PURO" di noi e questo ci permette di vedere le cose e la vita sotto prospettive diverse ...più serene e con amore ....

Maria

Mia figlia ha 25 anni, è una persona estremamente sensibile ma anche forte, generosa e buona.
E' diventata madre a 21 anni , prendendosi la responsabilità delle proprie azioni in totale autonomia, questo ha comunque comportato un grande mutamento nella sua vita, e in gravidanza ha avuto 2 episodi, uno lieve ed uno più importante di attacchi di panico. Non ne aveva mai avuti prima di allora, ma si sa, la gravidanza

comporta anche scompensi ormonali e sia io che lei demmo a questo cambiamento la causa del panico.

Da qualche mese ha un nuovo compagno e sebbene si conoscano da poco, lei nutre per lui – ricambiata- una grande passione sentimentale ed emotiva , quasi che i due fossero inscindibili.

In un momento di crescita della nuova coppia lei si è sentita in crisi e questo ha fatto riaffiorare il panico.

Di notte, ho preso la macchina (abito a circa 60 Km da mia figlia) e sono andata da lei, che disperata e piangente mi aveva telefonato : " Mamma, non ce la faccio, mi sento morire, non riesco a pensare neppure al mio bambino….. non respiro, riesco solo a piangere...ho paura...". Ogni quarto d'ora ci telefonavamo per sentire d'esserci l'un l'altra. Finalmente arrivo a casa sua e la trovo in lacrime, piangeva da ore, piegata su se stessa come una piccola anima sola. L'ho abbracciata forte, chiedendo al mio cuore di trasmetterle un po' della mia forza per sostenerla. Ho cominciato a cullarla in silenzio, ritenendo che investirla di parole , di rincuorarla subito non avrebbe sortito alcun effetto finché fosse stata così concentrata sul suo malessere .

" Mamma…. Ma tu, come fai ad essere così forte ? " – Beh, era l'aggancio che aspettavo…… Le ho detto : " Amore, conosco da pochi giorni una tecnica che forse può aiutare anche te, ti va di provare a farla insieme a me ? " – Si……. Quel piccolo si, soffiato come una piuma d'angelo sul mio viso è stato il bagliore di una notte nera……

Le ho spiegato che doveva trovare in se stessa la frase imperativa che la faceva stare così male, e abbracciata come due ballerini da balera anni '70 abbiamo iniziato insieme a ripeterla a voce alta…..

Mannaggia che paura….all'inizio la crisi di panico è così peggiorata che credevo mi svenisse tra le braccia, ma io tosta danzavo e danzavo come Fred con la sua Ginger e non l'ho mollata e non ha mollato lei !!!!! Figlia di sua madre è andata avanti….finché ci siamo rese conto che stavamo cantando una ridicola canzoncina ….e lei per prima è scoppiata a ridere……Dio quella risata.....dev'essere questo che provano i tuffatori quando riemergono dall'apnea.......

Dopodiché ..ci siamo fissate intensamente negli occhi, un sorriso grande grande di quelli tutti nostri, pigiama e a letto che erano ormai le 3 di mattina .....e ce la meritavamo proprio una bella dormita....

Al risveglio mia figlia mi dice : " Posso farlo ancora con te, mamma ? " ed io : " Prova da sola finché io sono qua, se non riesci lo rifacciamo insieme .... Lo ha fatto su un altro pensiero che la disturbava , ha di nuovo pianto, mentre io da un'altra stanza fingevo di fare altro ma ero all'erta..... e quando è uscita dalla sua stanza, ha afferrato il telefono, ha chiamato, ha parlato, ha chiarito con forza ..... quando mi ha raggiunto era fiera di sé, ed io di lei !!

Elena

oggi come spiegavo ad Elitheo, in macchina (si vede che per me in macchina funziona meglio quindi ognuno all'inizio può trovare un posto consono per scaricare la dse) ....piccola ansia.....ho fatto una prova e ho detto quello che la mente mi suggeriva......tutto quello che usciva fuori......e senza fare grandi sforzi .....la cms giusta è arrivata da se.....e l'ho ripetuta fino a scaricarla completamente....quando arriva te ne accorgi subito perché si allenta la morsa allo stomaco che è tipica della situazione ansiosa.......basta non arrendersi se le prime frasi che escono non hanno effetto....quella buona da scaricare arriva da sé.......solo se è una cms molto molto forte può impiegare più tempo ad uscire , ma uscirà.....importante e FONDAMENTALE , tenere sempre una zona di sicurezza fra noi e la cms......non farsi prendere da loro, ma guardarle dall'esterno...ripeterle guardandole da fuori fino a che perderanno senso e se ne andranno da voi

Elena

quello che posso dirvi è che la DSE è una pratica che funziona , e si può fare ovunque......meglio nel raccoglimento di una stanza, ma è possibile farla anche fra le persone, in macchina ...ovunque.....è solo questione di mettersi un attimo in raccoglimento quando prende l'ansia   il tormento interiore, e riuscire ad agganciare quella cosa che rimbomba forte in voi...quella frase...che vi arreca disturbo....a volte la frase che sentite non è quella giustissima.....ma ripetendola comunque ve ne rendete conto, perché quella giusta ARRIVA e arriva non appena avrete scaricato quelle precedenti che per prime vi erano arrivate alla mente.....in quel momento la frase giusta da agganciare arriva alla vostra mente e ve ne accorgete subito che è quella buona......e allora ripetetela come recitando ripetetela come foste a teatro fino a che si scaricherà come una pila esausta...e ve ne sarete liberati

Antonella

Oggi una cosa mi ha fatto abbastanza arrabbiare non sono riuscita a impormi in una cosa che io ritenevo giusta con una ragazza che lavora per me mi è venuto un attacco di nervi.. di rabbia in macchina e tutte le vocine che mi ripetevo a voce alta nessuna mi dava sollievo ...poi ho ripetuto quella che era più insistente...non è bello ma è cosi; era una parola non tanto carina ..ma era quella giusta...l'ho ripetuta tantissimo fino a stufarmi ..ma mi sono accorta che quando sono arrivata a casa per me quella cosa che mi aveva fatto arrabbiare cosi tanto non aveva più significato ..non ci pensavo nemmeno più anzi ero serena . Grazie Elitheo davvero

Antonella

Oggi ho dovuto fare una cosa che mi aveva chiesto di fare una persona e mi aveva fatto arrabbiare ....ero in macchina e un attacco d'ansia improvviso mi prende accompagnato dalla rabbia stessa allora...DSE.....
ho iniziato ad ascoltare cosa diceva la mia mente....ho ripetuto la frase ma non riuscivo a calmarmi....ripetevo ripetevo e nulla succedeva.... mi sono ascoltata e ancora niente, ma a forza di ripetere frasi che mi rendevo conto

non funzionare...all'improvviso le lacrime sono sgorgate abbondanti e una frase con loro...ero riuscita ad agganciare la mia CMS.....il virus di quel momento.....ho iniziato a ripetere ripetere ripetere fino a che quella cosa ...quella CMS non era più in me...si era scaricata....e l'ansia è passata.... ma non solo.....dopo poco ero serena e riuscivo a inquadrare in modo completamente diverso la situazione che mi aveva generato ansia.....addirittura ho sorriso e ho capito che me ne ero liberata completamente...grazie elitheo

Elena

ciao a tutti sono entrata in questo gruppo da due settimane......e i benefici della DSE stanno arrivando...chiedete pure se avete domande ...sarò lieta di rispondere e di raccontare la mia, seppur ancora breve, ma intensa esperienza sperando di poter essere di aiuto.....grazie, ciao

Antonella

Ho sempre avuto delle paure a volte piu   forti a volte meno.." ma sempre."... e via via me ne faccio sempre di piu ..la mia vita viaggia in funzione di come mi sento... non riesco ad entrare in un ristorante ..non riesco a viaggiare ..non riesco la sera stare seduta con la mia famiglia perché mi prende l'ansia.....e purtroppo non sono capita.. ma ultimamente ho avuto la fortuna di incontrare persone che mi capiscono e che mi sono di grande aiuto.... la Marina che mi ha sempre supportato nei momenti brutti e che ringrazio tantissimo...e poi Elitheo che con il suo metodo della DSE mi sta facendo rivivere nel vero senso della parola.....mi ha insegnato ad ascoltarmi ,ad ascoltare le vocine dentro di me.....quello che dicono che mi fanno stare male e a "ripeterle a voce alta se posso a recitarle come una attrice recita una parte " o altrimenti nella mia testa facendo finta di essere un'altra persona fino a quando quello che recito diventa noioso e alla fine mi accorgo che la paura è passata e che sono serena (ora sono tre sere che riesco a stare con la mia famiglia a parlare dopo cena seduta sul divano cosa che prima per me era impossibile) sono felice di questo e di quello che ancora riuscirò a fare con questo metodo.. ne ho tante da superare ma non dispero grazie a Elitheo e soprattutto al suo metodo. un abbraccio a tutti. Antonella

Maria

Avevo sempre pensato che ripetere un pensiero negativo volesse dire rinforzarlo, ed invece con la DSE ho capito che negarlo è molto peggio..... perché si ripresenta.... invece guardarlo negli occhi e guardarlo e chiamarlo ad alta voce (o nel pensiero) fino a che il suono perda significato è un mezzo potentissimo per farlo fuori davvero !

AGGIORNAMENTO SUL MIO STATO DI FUMATRICE : 3° giorno di ripetizione costante ad ogni accensione di sigaretta . Questa mattina uscendo col cane NON mi sono accorta di NON aver preso le sigarette, l'ho realizzato una volta tornata a casa dalla passeggiata .....Tre giorni fa 20 sigarette al giorno .... ieri 11 sigarette.... dai che ce la faccio !!!! E QUESTO L'HO OTTENUTO APPLICANDO LA - DSE - mica balle !!!!
Grazie Elitheo...ha fatto più la DSE in tre giorni di anni e anni di bla bla bla bla bla........
e nessuna voglia di cibo compensatorio.......

la paura più grande, per una persona dipendente è perdere il suo " ciuccio" emotivo..... Il bello della DSE , almeno per me che la applico MENTRE fumo, è che non mi impone una forzatura di rinuncia, ma una liberissima ripetizione della verbalizzazione del gesto che sto compiendo .... Questo mi ha fatto approcciare con piacere alla DSE, perché la rinuncia mi spaventava, non tanto per la paura di affrontare la mancanza di fumo, quanto per la Paura di dover eventualmente ammettere che non ce la facevo.....

Conclusioni

Tutto il nostro sentire e vivere dipende da ciò che pensiamo. Insoddisfazione e soddisfazione, dolore e gioia, entusiasmo e depressione, rabbia e calma, allegria e tristezza. Tutto dipende da cosa pensiamo e da come lo pensiamo.

La DSE è un metodo che è in grado di destrutturare e depotenziare l'energia contenuta nei pensieri. E sta a noi scegliere di quali liberarsi.

Questa discrezionalità è molto importante perché ci consente di fare delle scelte per orientarci verso ciò che vogliamo diventare.

Non è una strada semplice, tutt'altro. Le combinazioni del pensiero sono innumerevoli e purtroppo la maggior parte di queste sono inconsce. Anche per questo aspetto la DSE ha delle modalità di funzionamento che facilitano l'aggancio a questi pensieri subconsci e che permettono quindi di "trattarli". Come avete potuto constatare ci sono molti modi attraverso cui la mente crea pensieri che causano sofferenza e con l'aiuto del metodo è possibile entrare in contatto con questi pensieri e destrutturarli, deprogrammarli, fino a farli diventare innocui.

L'acquisizione di conoscenza spirituale come lo studio delle filosofie e delle religioni, l'elaborazione di modelli di vita e di esistenza "ideali" possono essere aiutati nella loro realizzazione dall'applicazione della DSE a quei processi mentali che ostacolano il raggiungimento di tali ideali. La massima resistenza a questi processi di cambiamento è data proprio dalle forze che si muovono nel subconscio e che sono "l'obiettivo" della DSE. Il metodo quindi, pur essendo elettivamente adatto ad trattare ed alleggerire aree di sofferenza vistose e pesanti come l'ansia, il panico, la rabbia, l'angoscia, è parimenti utilizzabile per migliorare la motivazione, l'autostima, la capacità decisionale, ed ogni altro aspetto che si voglia migliorare del proprio comportamento.

Questo è possibile perché, come sottolineato, tutto ciò che si può fare o non fare, tutte le potenzialità o la loro mancanza, hanno diretto rapporto con ciò che si pensa e si crede e la DSE agisce proprio su questo: su ciò che si pensa e si crede.

La DSE funziona, solo ad un patto, però: che la si usi e si cerchi di conoscerla a fondo per applicarla correttamente, il che equivale a conoscere se stessi. Più si conosce se stessi e più si individuano facilmente quei pensieri che andrebbero rimossi. La DSE invece non funziona quando........non si usa, come qualsiasi altra cosa.

Spero davvero che possiate farne un uso utile e proficuo per voi stessi e per gli altri.

Elitheo Carrani

www.ingramcontent.com/pod-product-compliance
Lightning Source LLC
Chambersburg PA
CBHW062035280526
45788CB00003B/1013